Ein kulinarisches Rendezvous mit

Schwaben

Ursula Grüninger

Ein kulinarisches Rendezvous mit

Schwaben

Nikol Verlagsgesellschaft mbH & Co. KG
Hamburg

www.nikol-verlag.de

Vorwort

utes Essen und Trinken, Tradition und eine sprichwörtliche Gastlichkeit wurden im Land der Spätzle und Maultaschen schon immer geschätzt. Der alte Goethe, sicherlich ein Feinschmecker und Genießer, läßt seinen Reineke Fuchs ausrufen: »Laßt uns nach Schwaben entfliehen! Hilf Himmel, es finden sich süße Speisen da und alles Gute in Fülle. Und man bäckt Brot mit Butter und Eiern. Rein und klar ist das Wasser, die Luft ist heiter und lieblich.«

Allerdings schlug man in jener Zeit wohl kaum kulinarische Kapriolen. Der biederen schwäbischen Hausmannskost wurde der Vorzug gegeben, notgedrungen. Von lukullischer Raffinesse wußte der Normalbürger damals nichts. Einfachheit war Trumpf.

Und heute? Wir leben im Zeitalter der modernen Technik, die Ernährungsweise hat sich geändert. Gute Luft (leider auch kaum noch zu haben) und Spätzle genügen nicht mehr. Es geht um eine neue, natürliche Küche, in der die Ausgewogenheit der Nahrung gegeben ist und die Speisen ihren Eigengeschmack bewahren.

Die Schwäbin hat gelernt, daß sich traditionelle Gerichte auch auf bekömmliche Art zubereiten lassen. Omas Braten war ohne Mehltunke nicht denkbar. Er schmeckt zwar auch ohne eine solche, aber dem schwäbischen Gemüt entsprechend gehört halt immer noch ein Sößle dazu, allerdings ein leichtes Rahmsößle, am besten mit etwas Wein abgeschmeckt. Spätzle gelingen nicht nur mit Auszugs-, sondern auch mit Roggenmehl oder einer Mischung aus beiden Sorten.

Die Schwaben sind dafür bekannt, mit Eifer und Präzision zu kochen und mit Düften aus der Küche zu verführen. Auch Erich Kästner war von diesen Wohlgerüchen angetan und mußte zugeben, daß man im Schwabenland gut und genüßlich zu essen versteht.

Und so haben es die schwäbischen Küchentüftler verstanden, die alten überlieferten Rezepte mit Liebe zum Experiment und einer Portion Phantasie zu verfeinern und eine neue, natürliche Küche zu kreieren.

Den Gerichten, die dieses Buch beschreibt, mit ihrer Tendenz zum Natürlichen, Leichten und Genießerischen, einer Melange aus dem Elsaß, der Schweiz, aus Baden und Franken, aber eben doch typisch schwäbisch, kann wohl kaum jemand widerstehen. Es sind neue und trotzdem traditionsbewußte schwäbische Tafelfreuden entstanden. Die klimatischen Gegebenheiten des Landes, seine Fruchtbarkeit und die Qualität der Nahrungsmittel kommen der schwäbischen Küche, die zu den besten in Europa zählt, sehr zustatten.

Ein kleiner Querschnitt durch beliebte schwäbische Gerichte: Grießklößchensuppe, Zwiebelrostbraten, eingemachtes Kalbfleisch mit den unvermeidbaren Spätzle, Käsekuchen, Forelle nach Art der Müllerin. Diese Zubereitungen entstammen allesamt dem traditionellen Rezeptschatz der Schwaben, bilden aber gleichzeitig die Grundlage für Entwicklungen hin zu einer leichten, ausgezogenen und durch raffinierte Variationen geprägte neue schwäbische Küche, von der dieses Buch zahlreiche Beispiele in Wort und Bild aufzeigen wird.

Schwäbisches Mosaik

Das Schwabenland ist ein Gebilde eigener Art, gleichsam eine Musterkarte aller Länder. Es sieht aus, als hätte der Schöpfer, bevor er die Erde entwarf, ein Modell im kleinen hergestellt, worauf er jede Form andeuten wollte, die er hernach im großen ausführen wollte: Berge, Flußläufe, Ebenen, Wasserflächen, alles ist vorhanden, aber in kleinerem Maßstab und in stetem Wechsel. « So sah Isolde Kurz das *Muschterländ-le*, das Land der Häuslesbauer, Spätzlesesser und Viertelesschlotzer, die zudem auch Normales noch verkleinern, indem sie die zärtliche Silbe *le* anhängen. Württemberg ist in der Tat ein Kleinod unter den deutschen Landen. Im Süden nimmt es teil an den Schönheiten des Schwäbischen Meeres, wo der süffige Bodenseewein Kenner und Genießer begeistert. Das hügelige Allgäu, Heimat der *Kässpätzle* und *Käsknöpfle*, und die Landschaft Oberschwabens, die ein barockes Schatzkästlein ist, schließen sich an.
Im Westen locken die Berge des nördlichen und mittleren Schwarz-

walds, seiner dunklen Tannen wegen so genannt. Hier erlebt man überall die weithin bekannte, unübertreffliche Gastlichkeit. So beliebt wie am Bodensee die Blaufelchen sind im Schwarzwald die Forellen, frisch aus dem Bach und auf die verschiedenste Art zubereitet. Und wer kennt nicht als besondere Spezialität den verlockenden Vesperteller mit dem geräucherten Schwarzwälder Schinken oder Speck und der verführerischen Kirschwassersersalami, dazu köstliches frisches Bauernbrot aus dem Holzofen?
Quer durch das Land ziehen sich die Hügel und Berge der Schwäbischen oder Rauhen Alb mit ihren Höhlen und Felsen, mit Wacholderheiden und Schafweiden, ein Paradies für Wanderer. Aber steinig und karg ist hier der Boden, und das Leben ist hart. Nicht umsonst wurden die Zeilen geschrieben:
Stoiner glesa, pflanzet, gsäit,
gschafft, gwerkat, früh ond spät,
jedes Fläckle Erde gnutzt
und mit älle Wätter trutzt.
Einem Ondit zufolge muß der Spatz hier in die Knie gehen, um ein Körnchen Hafer zu finden.

Überall im Ländle wird das Brauchtum gepflegt. Es verbindet auch abseits stehende Menschen. So wird zum Beispiel seit Jahr und Tag in Reutlingen mit Begeisterung der *Mutscheltag* begangen, der seinen Namen der *Mutschel*, einem mürben, sternförmigen, mit acht Zacken und Verzierungen versehenen Hefegebäck verdankt. Hoch und nieder, jung und alt, die ganze Stadt ist auf den Beinen, die lustig und lärmend mit Würfeln um Mutscheln spielen. Gemutschelt wurde in Reutlingen, seit es freie Reichsstadt geworden war, also bereits im Mittelalter, und zwar jeweils am Donnerstag nach dem Erscheinungsfest. Alle Bäcker

Typische oberschwäbische Landschaft: fruchtbare Felder, zweite Sicht, heitere Ausstrahlung und ein barockes Schatzkäst lein. Im Hintergrund die prachtvolle Kirche von Steinhausen bei Bad Schussenried, die in den Jahren 1727 bis 1733 von Dominikus Zimmermann erbaut wurde und gern als die »schönste Dorfkirche der Welt« bezeichnet wird.

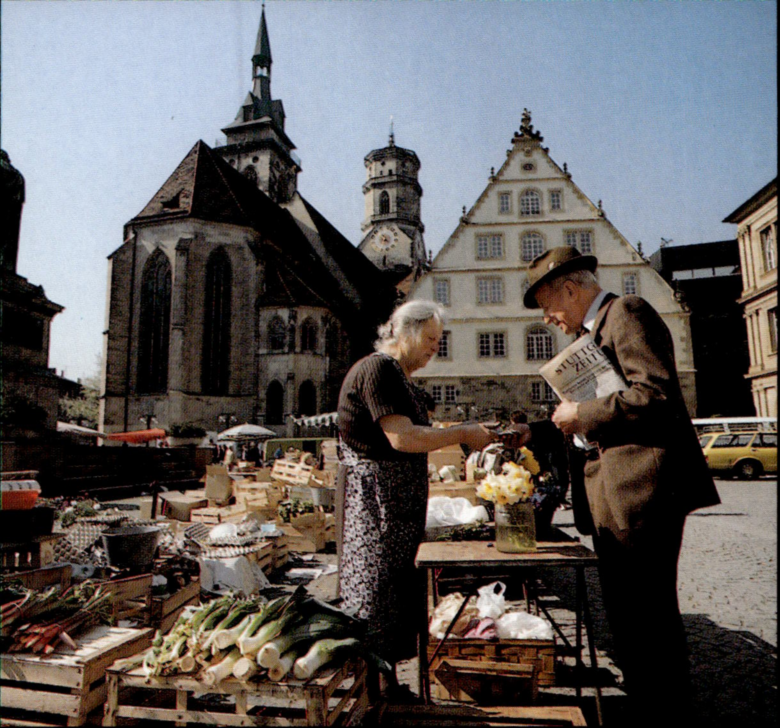

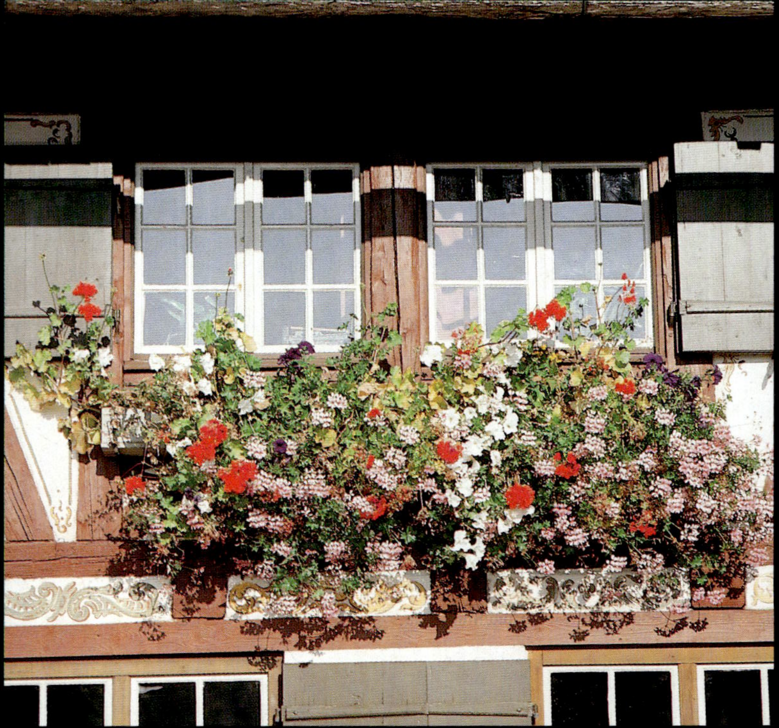

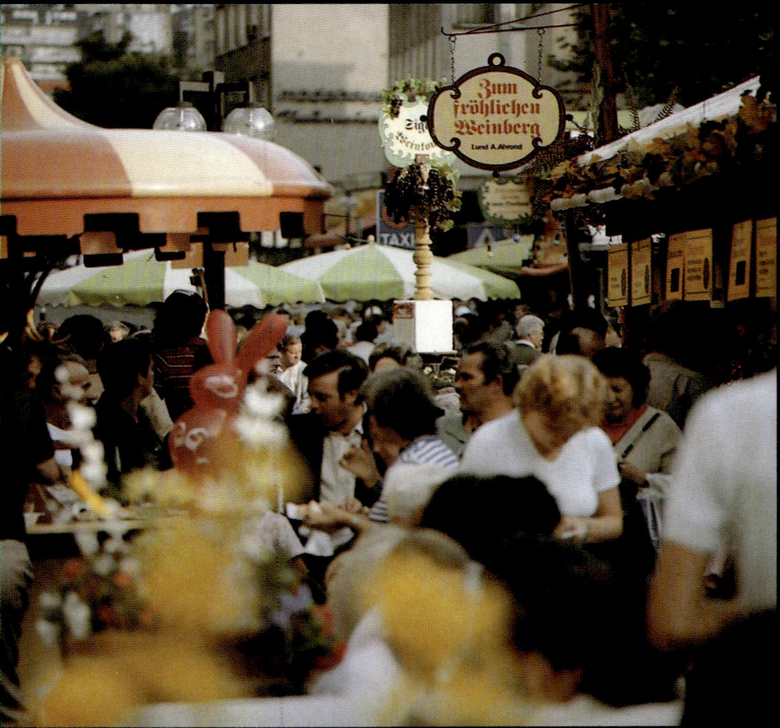
Zum fröhlichen Weinberg
Lund A. Ahrend
TAXI

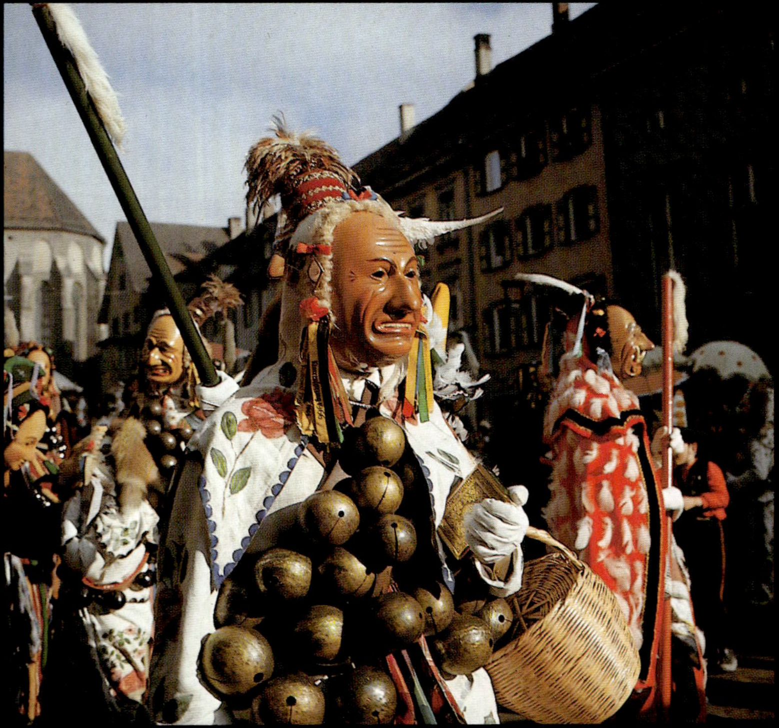

Schwäbisches Mosaik: Traditioneller Wochenmarkt vor der Stuttgarter Stiftskirche, blumengeschmückte Fenster eines bäuerlichen Anwesens, Weinfest in der Stuttgarter Innenstadt, schwäbisch-alemannisches Fasnachtstreiben in Rottweil (linke Seite). Kulinarische Spezialitäten des Musterländles: Schwarzwälder Schinken, Laugenbrezeln, Langenburger Wibele und zahllose verschiedenen Brotsorten.

waren und sind auch heute noch in strengem Einsatz, um so viele der begehrten Mutscheln wie nur möglich zu backen. Man vermutet, daß sie einst ein heidnisches Opfergebäck waren. Heutzutage werden in Reutlingen das ganze Jahr über Mutscheln angeboten, dem Geist der Zeit entsprechend auch aus Vollkornmehl gebackene.

Mitten durchs Ländle und die alte Universitätsstadt Tübingen fließt der Neckar, von Hölderlin einst als »bläuliche Silberwelle« besungen. Der Fluß berührt am Rande auch die Schwabenmetropole Stuttgart, auf deren Höhen der Spitzkohl, das berühmte Filderkraut, wächst. Wein, von jeher kostbares Gut der *Wengerter*, der Weingärtner, gedeiht an seinen Hängen.

Der Wein hatte es einst auch dem Schwaben und ersten Präsidenten der Bundesrepublik Deutschland, Theodor Heuss, angetan und ihn zu einer Doktorarbeit animiert. Das Remstal im württembergischen Rebenland mit seiner sprichwörtlichen Zwiebelkuchenidylle geht nördlich in den Schwäbischen Wald über, wo Gastwirte vorzügliche Wild-

gerichte anbieten. Zwei der Nebenflüsse des Neckars, Kocher und Jagst, führen zu den romantischen Burgen und Schlössern in Hohenlohe und im württembergischen Franken, an das fränkische Weinland im Norden grenzt. Besonders beeindruckend ist das Renaissanceschloß im hohenlohischen Neuenstein mit einer aus dem Mittelalter stammenden Küche, die noch immer funktionstüchtig ist und auf Wunsch und Vorbestellung für Gäste in Betrieb genommen wird. In diesem historischen Rahmen kann man dann tafeln, genauso wie es einst die alten Rittersleut' taten. Von Langenburg aus haben die *Wibele*, eine schwäbische Knabberspezialität, ihren Siegeszug durch das ganze Land und über dessen Grenzen hinaus angetreten. Die Wibele haben es in sich, schon so manches Liebespaar haben sie zusammengeführt. So kann man etwa auf dem Cannstatter Volksfest oder auf einer *Kirbe* (Kirchweihfest) sehen, wie ein Partner dem anderen das Wibele halb in den Mund steckt und dann selbst in das andere Ende beißt. Auf galante Art finden sich ihre Lippen – welch süße Verführung!

Die Menschen, deren Heimat dieses Land ist, die Schwaben also, sind nach Ernst Moritz Arndt »einer der herrlichsten Bestandteile des deutschen Volkes, ein begeisternder, belebender Stoff«. Solche Zitate hört der Schwabe natürlich gerne, und gelegentlich läßt er sich sogar zu Übertreibungen hinreißen:

Der Schiller und der Hegel, der Uhland und der Hauff, das ist bei uns die Regel, das fällt bei uns nicht auf.

Die schwäbische Mentalität machte die Erfindungen von Daimler und Bosch, um nur zwei von Tausenden zu nennen, erst möglich. Auf solche Männer sind die Schwaben mit Fug

Stolz ragt die Burg Hohenzollern mit ihren vielen Türmen und Türmchen über dem Vorland der Schwäbischen Alb bei Hechingen auf. Sie ist die Stammburg des mächtigen Herrschergeschlechts der Hohenzollern.

Herzog Christoph und
Stammschloß Württemberg 1567.

Höhe 4200 W.P.

Bei Meier Sohn in Stuttgart.

und Recht stolz. Ansonsten aber loben sie sich äußerst ungern. Eigenlob stinkt, sagt man hierzulande, und daher geht man mit ihm noch geiziger um als mit Geld. Aber auch Lob gegenüber anderen gehört zu den Raritäten des Landes. Besonders wenn's ums Essen geht: Ein schwäbisches Ehepaar hatte einen Sohn, der von Geburt an stumm war. Man war begütert und konsultierte medizinische Kapazitäten im In- und Ausland – ohne Erfolg. Eines Tages, der Sohn war inzwischen fünfzehn geworden, gab es eine Flädlesuppe. Nach dem ersten Löffel sagte der Sohn: »Salz fehlt.« Lähmende Überraschung packte die Eltern. Man rief

Dieser kolorierte Stich zeigt das Stammschloß der Grafen von Württemberg, das bis zum Jahre 1801 auf dem Rotenberg oberhalb von Untertürkheim thronte. 1819 ließ König Wilhelm I. auf den Resten der Burg für sich und seine Gemahlin eine Grabkirche erbauen, die noch heute Touristen, aber auch Weinliebhaber anzieht, denn an den Hängen des Rotenbergs wächst mit dem Uhlbacher ein hervorragender Tropfen.

eilends einen der behandelnden Spezialisten herbei, und nach intensivem Befragen, ob er denn wirklich etwas sprechen könne und warum er es seither nicht getan habe, sagte der Sohn kurz und bündig: »Bis jetzt isch jo au älles recht gwesa!« Daß eine Sache gut ist, ist für einen Schwaben eine Selbstverständlichkeit, darüber braucht man kein Wort zu verlieren.

Woher aber kommt nun dieser Volksstamm, der nach dem Sprachforscher Fritz Rahn der schwierigste und rätselhafteste aller deutschen Stämme ist, der im Garten Eden mit vielen kostbaren Naturgütern lebt und eine gute Küche vorzuweisen hat.

Die Geburtsstunde des ersten nachweisbaren Bewohners unseres Landes, des *Homo steinheimensis*, liegt über 200 000 Jahre zurück und fällt somit in die Steinzeit. Unsere Vorfahren lebten von Jagd und Fischfang. Man muß ihnen verzeihen, daß sie Analphabeten waren, weder lesen noch schreiben konnten und Überlieferungen daher so spärlich sind. Über ihren Speisezettel ist uns wenig bekannt.

Machen wir daher einen Sprung ins 3. Jahrhundert n. Chr. Damals drang der germanische Stammesverband der Sueben oder Alemannen von Norden her nach Südwesten vor und nahm, nicht ohne heftige Kämpfe mit den Römern, das Gebiet zwischen Rhein, Main und Donau ein. Das war das Gebiet der Kelten. Die Vermutung liegt nahe, daß sich die Alemannen mit ihnen vermischten. Die Kelten galten als besonders tüchtige und begabte Handwerker und Arbeiter. Demgegenüber seien die Germanen, so der Geschichtsschreiber Tacitus, trotz einiger ihrer Tugenden, wie etwa Mannesstolz und Sittenstrenge, dem Nichtstun, Schlafen und Essen zugeneigt. Der Römer Tacitus war zwar im großen und ganzen ein objektiver Chronist, doch hier muß er sich nach Ansicht der Schwaben einfach geirrt haben. Den Vorwurf des Nichtstuns weisen sie als Nachfahren der germanischen Alemannen jedenfalls entrüstet von sich, den angeblichen Hang zum Schlafen lassen sie unkommentiert, und ihre Neigung zum Essen akzeptieren sie. Noch heute umfaßt der damals entstandene schwäbisch-alemannische

Raum den größten Teil Württembergs, Südbaden, das bayerische Schwaben bis hin zum Lech, Vorarlberg, das Elsaß und auch die deutschsprachige Schweiz.

Von 917 bis 1268 bestand das Herzogtum Schwaben, das Kernland der Staufer. Nach dem Tod des letzten Staufers, Konradin, begann der Prozeß der territorialen Auflösung, deren Hauptnutznießer die Grafen von Württemberg wurden. Daneben verfügten vor allem die Habsburger über umfangreichen Besitz. Der Fleiß der *Wirtemberger* führte dazu, daß aus ihrem Land zunächst eine der größten deutschen Grafschaften und ab 1495 auch ein stattliches Herzogtum wurde.

Im Jahre 1806 erhielt der tüchtige und fähige, nicht gerade schlanke Herzog Friedrich, inzwischen zum Kurfürsten avanciert, auch die Königswürde von Napoleons Gnaden. Die Leibesfülle des schwäbischen Monarchen war so stattlich, daß man in seinen Schreibtisch einen halbkreisförmigen Ausschnitt sägen mußte, damit der hohe Herr überhaupt Platz nehmen konnte.

Aufgrund königlicher Verfügung hieß

nun das Land *Württemberg*. Hörte sich der alte Name nicht etwa wie »Wirt am Berg« an? Das war für ein Königreich nichts Hochwohllöbliches. Da aber ein Schwabe ist, wer schwäbisch schwätzt, blieb es im Volksmund bis auf den heutigen Tag bei *Wirdeberg*.

Seit wann es die typisch schwäbischen Gerichte wie Schweinebraten mit Sauerkraut, eingemachtes Kalbfleisch, ferner die berühmten Spätzle, die *Eierhaber, Ofenschlupfer* und *Springerle* gibt, ist nicht bekannt. Es wird seine Zeit gebraucht haben, bis der praktische Erfindergeist der Schwaben aus dem, was zur Verfügung stand, diese Gerichte zauberte. Erst auf Speisekarten aus der Mitte des 19. Jahrhunderts sind die Spezialitäten zum erstenmal zu finden. Vielleicht waren sie mit Beginn des Feudalwesens im Mittelalter bei Hofe, auf Schlössern und Burgen, oder in den Reichsstädten den schwäbischen Küchenmeistern bekannt. Vielleicht stammen sie auch aus der klösterlichen oder bäuerlichen Küche. Während aber die Leibeigenen hungerten, herrschte auf den Tafeln der Herren kein Mangel. Da wurden

Wildbret, Braten, Fisch, Pasteten, Zunge, Schnecken, Preßkopf und Gemüse, zum Dessert Torten, Zimmetsterne und Zuckerbrezeln aufgetragen. Noch fehlte es den Köchen an der nötigen Phantasie, so daß zumeist ohne Raffinesse gekocht und in monotoner Reihenfolge gegessen wurde. Was übrigblieb, war für die Knechte und Mägde gerade gut genug. Von einem gastronomischen Niveau, wie wir es heute kennen, konnte keine Rede sein.

Mancher Fürst zeigte sich bei großen Gelegenheiten gerne huldvoll. Als der letzte Graf und spätere Herzog von Wirtemberg, Eberhard im Bart, im 15. Jahrhundert auf dem Uracher Schloß Hochzeit hielt, bot er nicht nur seinen Gästen Wein in Strömen, er ließ ihn auch für das Volk kostenlos aus dem Marktbrunnen fließen. Ähnliches wiederholte sich im Jahre 1511 bei der Hochzeit des überaus verschwenderischen und verschuldeten Herzogs Ulrich im Schloß zu Stuttgart, wo 7000 Gäste geladen waren. Hier sprudelte der Wein tagelang aus allen Röhren des Stuttgarter Marktbrunnens. Es wird auch erzählt, wie viele Ochsen und Kälber,

Kapaune und Krammetsvögel für die Hochzeitstafel erforderlich waren, außerdem eine Unzahl von Eiern, mehrere Sack Mehl und einige Pfund Nelken und Safran.

Nachfolger von Ulrich wurde sein Sohn, Herzog Christoph, ein mannhafter, gottesfürchtiger, praktisch und fortschrittlich gesinnter Landesherr, nebenberuflich ein interessierter Hobbygärtner. Man experimentierte in jener Zeit viel mit neuen Obst- und Gemüsesorten. Was im herzoglichen Nutzgarten wuchs, wurde im Jahre 1565 aufgeschrieben: Endivien, Spargeln, Flaschenkürbisse, Artischocken, Pfirsiche, Aprikosen und verschiedene Arten von Äpfeln und Birnen.

Unsere Bilder aus dem Freilandmuseum Wackershofen bei Schwäbisch Hall zeigen ein schmuckes Dorf und die Innen-einrichtung einer alten Küche und Eß-stube. Besonders originell ist das über dem Feuer drehbare Waffeleisen, in das die Zubereitungsvorschrift gleich mit eingegossen wurde.

Wenn keine Hungersnot herrschte, war auch die bäuerliche und bürgerliche Hochzeitstafel reich beschickt. Bei solchem Anlaß läßt der Schwabe sich nicht lumpen. So tat der Gastgeber, was er konnte. Überstieg das aber sein Vermögen, was häufiger geschah, so war er ruiniert. Da sich diese Fälle häuften, mußten von Amts wegen sogar besondere Hochzeitsordnungen erlassen werden. Und dabei beklagt sich besonders der Schwabe gerne über bürokratische Knebelung!

Bis heute ist es auf dem Lande ab und zu noch üblich, daß Gäste, die weder zur Familie noch zum engeren Freundeskreis gehören, die Kosten für Speis und Trank selbst zu übernehmen haben, wenn sie am Nachmittag oder am Abend zu den Hochzeitsfeierlichkeiten kommen. Mit der Aufforderung, »*Esset und trinket und schiebet au ei*«, werden reichlich Hefekranz und Brezeln angeboten. Im allgemeinen blieb das Volk jahrhundertelang arm und war daher auf einfachste Nahrung angewiesen. Die wichtigsten Lebensmittel waren Mehl, Eier, Kraut und weiße Bohnen. Mehl war Hauptnahrungsmittel. Das

zeigt schon die alte Geschichte, die sich der Volksmund vom *Knöpfles-schwob* erzählt, der auf der Wanderschaft immer das unverzichtbare Küchengerät bei sich trug, damit er sich überall seine geliebten Knöpfle zubereiten konnte.

Die heute weltbekannten schwäbischen Spätzle, eng verwandt mit den Knöpfle, muß es schon früh gegeben haben. Man aß dicke Suppen und Hefeküchle, die hauchdünn ausgezogen wurden, um möglichst viel davon auf den Tisch bringen zu können. Ein Suppenhuhn, einsam und schlicht in Wasser gekocht, würde heute niemand mehr begeistern. Sprengte aber einmal ein Gericht mit einem Touch Raffinesse den üblichen Rahmen, fragte man sich sofort, ob dieser Aufwand überhaupt erforderlich sei, und meistens lautete die Antwort: »*Des sich net nötig.*« In der Regel wurde genau berechnet, wieviel gekocht werden mußte. Wenn trotzdem etwas übrigblieb, gab es am nächsten Tag *Schärretse*, Zusammengekratztes, aufgewärmt eine neue Mahlzeit darstellend. Trotz der bescheidenen Mittel war die Schwäbin erfinderisch. So wurde bei der Zubereitung eine Klei-

nigkeit verändert, dem Gericht ein anderer Name gegeben, und schon war es eine Neuschöpfung. Vorsichtshalber schickte man voraus: »*Bei ons schmeckt mer net lang, bei ons ißt mer!*« Fleisch gab es nur an Sonntagen, wenn überhaupt. Man war zufrieden und tröstete sich mit kernigen Sprüchen: »*Liaber a Laus em Kraut als gar koi Floisch*« oder »*solang's no Kraut ond Spätzle gibt, so lang verderbet Schwoba nit.*«

Die Sorge um das tägliche Brot war immer gegeben. »*Wenn's Glück regnet, stehet mer onter, ond wenn's Brei regnet, hent mer koine Löffel*«, das soll heißen, wie man's macht, ist's falsch, und macht man's falsch, ist's auch nicht richtig. Das Leben ist schwer! Und so ist es nicht verwunderlich, wenn mancher die richtige Balance verliert und zum Geizhals wird. Welche wunderlichen Blüten die schwäbische Pfennigfuchserei treiben kann, zeigt die folgende Anekdote: Ein kranker Bauer wußte, daß er nicht mehr lange zu leben hatte und bat seine Frau, ihm noch einen letzten Wunsch zu erfüllen. Er habe im Keller zwei Flaschen sehr guten Weins, den er viele Jahre wie einen kostbaren Schatz gehütet habe. Nun hätte er *Glüschte* (Verlangen) danach. *»Bertale, breng mr an Schluck ans Bett.«* Darauf sagte seine Frau beschwörend: *»Josefle, verheb's!«* Kurz darauf schloß das Josefle für immer die Augen, und der kostbare Wein war gerettet.

Unverständlich ist, daß trotz der Hungersnot im 18. Jahrhundert die Kartoffel nur ein Mitläufer war und sich die Schwaben nicht für sie begeistern konnten. Das ist bis zu einem gewissen Grad auch heute noch so, mit einer markanten Ausnahme – dem Kartoffelsalat. Er ist ein urschwäbisches Lieblingsgericht, besonders wenn er aus besten Salatkartoffeln, vermischt mit Gurkenscheiben, zubereitet wird. Auch die Schupfnudeln oder *Bubaspitzle* verdienen es, hier genannt zu werden, denn sie bestehen, gekonnt zubereitet, aus einer Mischung von Mehl und Kartoffeln.

Frust in Schwaben ist wie *Luschtverluscht.* Dadurch zog es den Schwaben schon immer zur Wanderschaft, sofern er kein ausgesprochener Ofenhocker war. Armut und Enge, aber auch Kinderreichtum und Fernweh

(»in unserm Land ist nichts als Not, viele Kinder, wenig Brot«) zwangen im 18. und 19. Jahrhundert unzählige Schwaben zum Auswandern. Nach Ungarn, nach Amerika, nach Rußland – wohin der Ruf sie lockte. Nur mit außerordentlichem Mut, Durchsetzungsvermögen und nie versiegendem Lebenswillen konnte man sich behaupten. Die Schwabensiedlungen in fernen Ländern wurden berühmt. Fernweh sei Schicksal, sagte Hölderlin. Was dann, wenn es in Heimweh umschlägt? *»Hätt' mei Mutter mehr Floisch kocht', wär' i dahoim bliebe!«* Wie oft sehnte sich der über den großen Teich Gezogene noch nach vielen Jahren zurück, weil er die Heimat im Herzen trug und in ihrer Erde begraben werden wollte.

Arbeit und Sparen gehören zum Leben des Schwaben, und die Erfüllung des sehnlichsten Wunsches, einmal ein eigenes *Häusle* und *Gütle* zu besitzen, liest sich so:
Wuhle, wuhle –
Spare, spare –
Häusle baue –
Schaffe, schaffe –
Verrecke!
Wie man sieht, ist der Schwabe in

seiner Wortwahl nicht zimperlich. Auf das Erreichte allerdings ist er stolz. Er will es um jeden Preis erhalten, da er bodenständig ist. Zur Tradition gehört auch die Küche mit alten, überlieferten Rezepten, ferner natürlich die Sprache. Wenn ein bekanntes Charakteristikum des schwäbischen Dialekts die Verkleinerungssilbe *le* am Ende eines Hauptwortes ist, so ist es eher eine Sache des Gemüts als eine Verniedlichung. Man sagt den Schwaben gerne einen Hang zur Profitlichkeit und zur Sparsamkeit nach. Wie die folgende Episode zeigt, können sich davon auch erhabene Geister nicht freimachen. Eduard Mörike erhielt eines Tages Besuch von seinem Dichterkollegen Friedrich Hebbel. Selbstverständlich setzte er dem Freund einen ausgesprochen dünnen Kaffee vor. Widerwillig, nur um Mörike nicht zu verletzen, trank ihn Hebbel.

Manchmal kann man im Ländle beobachten, daß Menschen, wenn sie ausgehen, eine große Tasche mitnehmen, auch dann, wenn sie gar nichts einkaufen wollen. Man könnte ja einen Freund oder Gönner treffen, der einem etwas schenken will!

Von Leibspeisen und anderen Genüssen

Das Schwabenland hat einige Spezialitäten vorzuweisen. Da jedoch die Hausmannskost dominiert, ist der Schwabe nur selten ein echter Gourmet. »Was dr Bauer net kennt, des frißt'r net!« ist eine weitverbreitete Maxime. Mehr noch als der Bayer seine Knödel oder der Norddeutsche seine Kartoffel schätzt der Schwabe, wo immer er auch leben mag, seine handgemachten, vom Brett geschabten Spätzle.

Spätzle breng mr zom Brätle,
Breng se spät ond breng se früäh,
Breng's zu Lensa, zom Salätle,
Breng se en dr saure Brüäh!

So dichtet Wendelin Überzwerch zum alles überragenden Stichwort Spätzle. Sie avancierten im Laufe der Jahrhunderte zur schwäbischen Nationalspeise. Gibt es Spätzle zu Linsen und Saitenwürstchen, dann lassen auch die Auslandsschwaben, die in der Heimat auf Urlaub sind, alles andere stehen.

Ludwig Finckh meint, daß die Spätzle schon im 14. Jahrhundert Weltruhm erreicht haben. Das klingt übertrieben. Wenn jedoch weitere

Jahrhunderte davor *häibernes* (kommt von Hafer) *Brot* und *häibernes Mus* die Hauptnahrung der Bauern und einfachen Bürger waren, wie der Heimatpfleger Dr. Dr. Alfred Weitnauer in seinem Buch *Das weißblaue Schwabenländle* schreibt, dann kann man sich durchaus vorstellen, daß daraus eines Tages die Spätzle entstanden sind und schon früh eine weite Verbreitung fanden.

Woher der Name kommt, liegt allerdings bis heute im dunkeln. Ob er sich vom französischen *Pasta* herleitet, oder, wie Thaddäus Troll meint, aus dem Mönchslatein, wo *Pezzo* das Stück und *spezzare* in Stücke schneiden heißt, ist ungewiß. Auch Hermann Fischer konnte die Herkunft des Namens in seinem *Schwäbischen Wörterbuch* nicht erklären.

Aber was sind nun Spätzle? Schlagen wir den *Brockhaus* auf. Hier steht zu diesem Begriff »Spätzle sind eine süddeutsche Mehlspeise aus einem mit Mehl, Wasser, Eiern, Salz bereiteten, vom Brett streifig geschabten, in siedendem Wasser gargekochten Teig.« Der Schwabe Sebastian Blau

alias Josef Eberle, langjähriger Herausgeber der *Stuttgarter Zeitung*, begnügt sich nicht mit einer so nüchternen Definition. Spätzle sind für ihn und für alle Schwaben weit mehr, sie sind »...das Fundament unserer Küche, der Ruhm unseres Landes, die *Pièce de résistance* des Schwabenspots, das A und O der schwäbischen Speisekarte, der Prüfstein für die hausfräuliche Ehrbarkeit der Schwäbinnen und den Auslandsschwaben eine handfeste Stütze ihres Heimatgefühls. Spätzle *machen* ist eine angeborene Kunst, dem Fremden fast soweng erlernbar wie unsere Sprache.«

Dem Schwaben wird eine bemerkenswerte Eßlust nachgesagt. Das Wort »er hat kein Herz, dafür zwei Mägen« ist daher manchmal schon ein wenig wahr. So werden vor allem Spätzle in großen Mengen vertilgt, wenn sie beispielsweise zu einem Schweinebraten mit Rahmsößle gereicht werden.

Verwirrend für den Außenstehenden wird es, wenn das Stichwort *Knöpfle* hinzukommt. Der Experte Dr. Karl Lerch hat in seinem Buch *Das Spätzles-Brevier* eine einleuchtende Erklä

liberal, hat wie alle Menschen gute

an dem sie alle sieben (nach dem *Meistersang* von Hans Sachs waren es

Eine Sage zum Schmunzeln ist auch die vom Ulmer Spatz. Beim Bau des

Zu den berühmtesten Kreationen der schwäbischen Küche zählen zweifellos die Maultaschen. Unsere Bildfolge zeigt das Entstehen dieser mit Hackfleisch, Brät, Wurst, Zwiebeln, Spinat und anderem gefüllten Köstlichkeiten.

rung gefunden. Danach ist der Teig landauf, landab derselbe, nur die Form und der Name ändern sich. Werden die Spätzle kürzer, so nennt man sie Knöpfle. Andere Autoren sehen die Sache komplizierter. Nach dem *Schwäbischen Wörterbuch* von Hermann Fischer drückt man in Nürtingen, Rottenburg, Balingen, Oberndorf, Sigmaringen und Leutkirch den etwas festeren Teig durch ein großlöcheriges Salatsieb oder läßt ihn durch den Knöpfleshobel laufen, nennt aber das Produkt gleichwohl Spätzle. In anderen Gegenden trifft man auf durchaus längliche Gebilde, die an Ort und Stelle aber Knöpfle heißen. Hier spürt man die Verwechslungsgefahr und die Tücke des Objekts. Fragen wir zu guter Letzt nochmals den neutralen *Brockhaus*: »Knöpfle oder Knöpflein (süddeutsch, elsässisch), kleine, abgestochene, in Salzwasser gekochte Teigklößchen aus Mehl, Wasser und Ei, die mit gedünsteten Zwiebeln oder Fleisch gegessen werden.« »Da haben wir also die genaue Definition: Knöpfle sind Klößchen. Viel wichtiger jedoch als die exakte Zuordnung der verschie-

denen Begriffe ist die Feststellung von Alfred Weitnauer, daß die »Schwaben unbestrittene Meister im Zubereiten von Spätzle, Knöpfle, Flädle und Nudeln sind.«

Schließen wir dieses Thema mit einer ebenso bekannten wie hübschen Anekdote ab. Der Münsinger Pfarrer Flattich war ein prachtvolles schwäbisches Original und wegen seiner Schlagfertigkeit berühmt. Als er einmal bei Hofe eingeladen war und Herzog Karl Eugen (1728–1793) ihn tadelnd fragte, warum seine Perücke so schlecht gepudert sei, antwortete Flattich: »*I hab's Mehl zum Knöpfle mache braucht!*«

Eine weitere berühmte schwäbische Spezialität sind die *Maultaschen*, die auf der Alb auch *Schneiderblätz* heißen. Laut Thaddäus Troll sind sie nicht nur das Spitzenerzeugnis der schwäbischen Küche, sondern sie entsprechen auch dem Wesen des Schwaben. Das Äußere nicht unbedingt ansprechend, dafür das Innere mit einem delikaten Kern aus Fleisch, Bratwurstbrät, Schinken, Speck, Spinat, Zwiebeln, Eiern, Petersilie, Majoran und Muskat um so bemerkenswerter. Die Maultaschen zählen zu

den großen Erfindungen der Schwaben. Sie sind ein traditionelles Gründonnerstagsessen, werden aber auch gern am Karfreitag serviert. An diesem christlichen Fastentag sollte eigentlich kein Fleisch verzehrt werden. Das versteckt man eben einfach in einer Teighülle und bemogelt so den lieben Gott ein wenig.

Auch die Herkunft der Maultaschen ist ungeklärt. Es gab zwar eine tirolische Gräfin Margarete Maultasch, aber zwischen dieser Dame und der schwäbischen Spezialität lassen sich nun beim besten Willen keine Beziehungen herstellen. Die italienischen *Ravioli* und die russischen *Warenyky* sind zwar den Maultaschen ähnlich, aber welches der Gerichte nun zuerst entstanden ist, weiß man nicht. Auf jeden Fall sind richtig zubereitete Maultaschen so beschaffen, daß sie ungeteilt gerade in den Mund passen. Womit zumindest der Name eine einleuchtende Erklärung gefunden hätte.

Daß die Liebe durch den Magen geht, beweist eine andere Leibspeise der Schwaben, der *Gaisburger Marsch*, auch *Kartoffelschnitz und Spätzle* genannt. Es ist ein urschwäbisches Gericht, ein Eintopf par excellence, bei dem Spätzle und Kartoffeln in einer kräftigen Brühe in friedlicher Koexistenz schwimmen. Woher wohl dieser seltsame Name kommt? Nun, darüber gibt es eine hübsche Legende: Einst waren während eines Krieges Soldaten in Gaisburg, einem Stadtteil von Stuttgart, in Gefangenschaft geraten. Die Verpflegung war schlecht. Da schritten die Ehefrauen der Soldaten zur Tat und kochten einen Eintopf mit allem, was sie gerade zur Verfügung hatten. Mit Erlaubnis durften sie den Männern je eine Schüssel davon bringen. Geschlossen marschierten sie nach Gaisburg zu den Gefangenen, und das Ländle war um eine kulinarische Spezialität reicher.

Die Schwaben gelten als große Suppenesser. Der Volksmund sagt: *»Wer viel Supp' ißt, der lebt lang.«* Es ist durchaus möglich, daß die Vorliebe der Schwaben für ihr *Süpple* auf ihre sprichwörtliche Sparsamkeit zurückzuführen ist. Fast täglich gibt es eine Suppe, und die füllt vorab den Magen. Einige der markantesten schwäbischen Suppenschöpfungen sind: Flädlessuppe, Hirnsuppe, Kartoffel-suppe, Leberspätzlesuppe, Tomatensuppe, Nudelsuppe, Riebelessuppe, Spätzlessuppe, Brotsuppe, Wurstsuppe, Grießsuppe, gebrannte Mehlsuppe, Linsensuppe und Laugenbrezelsuppe.

Noch ehe die Spätzle und Knöpfle ihren Siegeszug durchs Schwabenland angetreten hatten, war es üblich, bis zu fünfmal am Tag eine Suppe zu essen. Kein Wunder also, wenn viele Außenstehende über den *Suppenschwob* spöttelten.

Begeistert ist man hierzulande auch von der *Metzelsuppe*, womit wir zum Schlachtfest kommen, das auf dem Lande noch immer ein Ereignis ist. Die Metzelsuppe bildet dazu die kulinarische Ouvertüre. Sie besteht aus einer kräftigen Wurst- und Fleischbrühe, in der die Produkte des Schlachttages gekocht wurden. Es folgt dann die mächtige Schlachtplatte mit Kesselfleisch, Knöchle, Blut- und Leberwurst, dazu Sauerkraut und Spätzle.

Andere schwäbische Lebspeisen sind *Rostbraten, saure Nierle, saure Kutteln, Briesle, Leberspätzle* und der rühmliche *Kartoffelsalat*, der oft in einer für Nichtschwaben schwer verständlichen Zusammenstellung mit *Flädle*, das sind dünne Pfannkuchen, gereicht wird. Über all diese Gerichte wird bei den folgenden Rezepten noch ausführlich zu reden sein.

Einen Seitenblick sollten wir noch auf die zahlreichen Mehlspeisen werfen. Da gibt es die schon erwähnten Flädle, die *Schupfnudeln*, auch *Wärgelnudeln, Bubespitzle* oder im Allgäu *Wampenstecher* genannt, die aufgezogenen *Dampfnudeln* mit Kompott oder Sauerkraut, *Apfelküchle* mit Vanillesauce, *Eierhaber, Ofenschlupfer* und nicht zu vergessen den *Pfitzauf.* Dieses luftige Gebäck geht während des Backens stark auf. Der pfiffige Schwabe bezeichnet daher treffend Choleriker, also Leute, die schnell »hochgehen«, als Pfitzauf. In Hermann Fischers *Schwäbischem Wörterbuch* finden wir ein Beispiel: »Die Schmalz-Bärbel ist auch so wie ein Pfitzauf gwäh (gewesen), sie hat auch gleich so griffige Reden ausgeteilt.«

Als besondere Spezialität ist noch der *schwäbische Zwiebelkuchen* zu nennen, der daheim und in den Weinwirtschäftle im Herbst zu *räsem* Wein, das ist neuer, leicht angegorener Wein, warm serviert wird. Ein Genuß! Theodor Heuss sagte dazu einmal: »Mit einiger Schüchternheit nenne ich auch eine herrliche Spezialität, die manchem Freund als barbarisch erscheint – der Zwiebelkuchen, womöglich warm gegessen, vor allem in den bukolischen Wochen des neuen Weins, eine etwas derbe Angelegenheit, die schon aus der Sparte der Küche in die des Brauchtums hinüberwechselt.«

Wichtig ist für den Schwaben auch das Vesper. Statt Butter gibt es Kräuterkäs', ein Stück Wurst, Preßkopf oder Schwartenmagen, Schinken oder Leberwurst, vielleicht auch ein Ripple. Zum Viertele am späten Nachmittag, zum Dämmerschoppen, wird eine warme, knusprige *Laugenbrezel* gegessen. Sie ist eine schwäbische Meisterleistung, die es so gut wie nirgendwo sonst auf der Welt gibt. Der Schwabe hat zu ihr ein besonderes Treueverhältnis. Seit Generationen bestand nämlich das Schulvesper aus einer Laugenbrezel. Und noch heute wird das herzhafte Gebäck häufig bei Staatsempfängen gereicht.

Laugenbrezeln müssen frisch sein.

Die tüchtige Schwäbin friert daher stets einen ausreichenden Vorrat ein, um das Gebäck bei Bedarf im Ofen rasch *aufzubähen*, also aufzutauen und aufzubacken, damit es warm und knusprig serviert werden kann. Die Laugenbrezeln erfreuen sich weithin solch großer Beliebtheit, daß man auf dem Stuttgarter Flughafen immer wieder Amerikaner beobachten kann, die eine Ladung der schwäbischen Backspezialität mit nach drüben nehmen.

Wenn man einer Sage glauben darf, so ist die Brezel folgendermaßen entstanden: Ein Bäcker hatte einen Frevel begangen und wurde zum Tode verurteilt. Es sollte ihm aber das Leben geschenkt werden, wenn es ihm gelänge, einen Kuchen zu backen, durch den die Sonne dreimal hindurchscheint. Da schuf der Bäcker die Laugenbrezel und war gerettet.

Schwäbische Gastlichkeit symbolisieren diese kunstvoll gestalteten Wirtshausschilder.

Schwäbische Weinsymphonie

Uralte Verse besingen den Wein zum Lobpreis der Schöpfung, »...und daß der Wein erfreue das Herz«, heißt es etwa in Psalm 104 des *Alten Testaments*. Wein schenkt Sinnenfreude und hat die Phantasie vieler Dichter, natürlich auch schwäbischer, beflügelt. So singt der viel zu früh verstorbene Hölderlin: »Seliges Land, kein Hügel in Dir wächst ohne den Weinstock!« Und Mörike träumte: »Fließe, goldner Regen, glühe dunkles Naß.« Schon im 15. und 16. Jahrhundert war Württemberg ein bedeutendes Weinland. Den edlen Rebensaft gab es in Hülle und Fülle. Die Studenten, die einst im Tübinger Stift wohnten, bekamen täglich Wein zu trinken. Es war eine harte Strafe für denjenigen, dem der Wein entzogen wurde. Bekannt ist auch, daß berühmte Söhne des Landes die öfteren ein Glas über den Durst getrunken haben. So unter anderem Hegel. Als er einmal spät am Abend ziemlich weinselig nach Hause kam, empfing ihn ein Zimmergenosse mit den Worten: »O Hegel, du saufsch dr gweiß dei bißle Verstand vollends ab!«

Auch heute noch ist Württemberg ein Land der Reben, die an den sonnigen Hängen des Neckars und seiner Nebenflüsse Enz, Rems, Kocher und Jagst, um nur die größten zu nennen, und im milden Klima des Bodensees gedeihen. Die vorzüglichen Weine, die der Boden hervorbringt, werden von den Schwaben geschätzt und zum größten Teil im Ländle selbst getrunken. Die Sorten mit ihrer herben Säure und ihrer verhaltenen Süße sind ganz nach ihrem Gusto, sie entsprechen der schwäbischen Lebens- und Wesensart. Sie sind eigenwillig, grundehrlich und schmecken immer ein wenig nach dem Boden, auf dem sie gewachsen sind. Sie drängen sich nicht auf. Der schwäbische Wein ist besinnlich wie der Mensch, der ihn bestellt. Er ist kräftig, herzhaft, auch kernig und will am liebsten von dem getrunken werden, der ihn versteht. Der Schwabe verzichtet bei aller Sparsamkeit nie auf sein *Viertele*. Er braucht es zum Nachdenken und zum Gespräch. Dazu schrieb einmal Hermann Hesse: »Zuweilen freut es mich, still und allein/ In kühler Stube ruhevoll zu

zechen,/ Mit einem alten, liebgewordnen Wein/ Ein gutes, treues Freundschaftswort zu sprechen.« Das Trinken des Weins muß man verstehen. Man soll den edlen Rebensaft nicht schlürfen und, wie Theodor Heuss einmal sagte, »ihn auch nicht saufen. Wer Wein trinkt, betet, wer Wein säuft, sündigt.« Und welche schwäbische Innigkeit spricht nicht aus Georg Schmückles *Weinblüte*:

»In allen Gärten ist kein Rauch so süß,/ Als wie die Düfte aus den Rebenblüten,/ Die um die Hänge meiner Heimat wehn./ Die Engel aus dem Paradies,/ Wenn sie zur Nacht den Weinberg hüten,/ Sie bleiben hoch an Hügelrande stehn/ Und atmen tief,/ Eh' sie zu ihrem weiten Fluge/ Ihre Schwingen breiten.«

Weinlese direkt über dem Häusermeer von Stuttgart, der »Großstadt zwischen Wald und Reben«, wie der frühere Slogan der schwäbischen Metropole treffend hieß. Dann machte ein Werbemanager daraus den »Partner der Welt«, worüber die im Grunde bescheidenen Schwaben nie so recht glücklich waren.

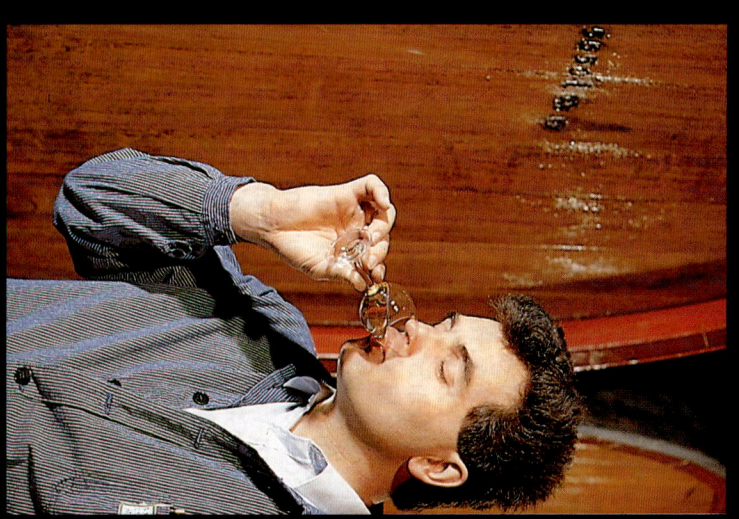

zu Maultaschen in der Brühe und an-schließend mit Salat, auch zu über-backenen Maultaschen – ein Sylva-ner oder ein Riesling mit Sylvaner;
zu Schweinebraten mit Spätzle, Rot-kraut oder Salat – ein Trollinger oder Portugieser;
zu Siedfleisch mit Beilagen – ein fri-scher Riesling oder Riesling mit Syl-vaner;
zu einem Sauerbraten mit Spätzle und Salat – ein Lemberger oder kräf-tiger Trollinger;
zu Gaisburger Marsch – ein leichter Sylvaner oder Schillerwein;
zu Schlachtplatte mit Sauerkraut – ein rassiger Riesling oder Schiller-wein, auch ein leichter Trollinger ist denkbar;

zu Zwiebelrostbraten – ein Trollinger oder Schwarzriesling;
zum schwäbischen Vesper und zur Laugenbrezel mit Butter – alle leich-ten Landweine.

Nun ist es aber keineswegs so, daß der Schwabe nur Wein trinken wür-de. An vielen Orten wird ein ganz vorzügliches Bier gebraut, das oft den Wein beim Vesper verdrängt.

Es gibt im Land eine ganze Reihe berühmter Mineralquellen. Aus dem reichhaltigen schwäbischen Obst-garten werden Fruchtsäfte aller Art gekeltert. Das sind jedoch keine wei-ter erwähnenswerten Besonderhei-ten. Aber aus Äpfeln und Birnen macht der Schwabe noch etwas, was zumindest früher einen hohen Stel-lenwert hatte: den *Moscht*. Bis vor wenigen Jahrzehnten konnte sich nicht jeder Schwabe den teuren Wein leisten. Ein wohlgefülltes Mostfaß war aber in fast jedem Keller zu fin-den. Lange Zeit war es im Schwäbi-schen das am meisten konsumierte Getränk. In den letzten Jahren ist eine nostalgische Rückkehr zum Most zu beobachten, denn so man-cher im Ländle hat erkannt: »Liaber en guate Moscht als en schlechta Wei!«

Sodele, sagt der Schwabe, wenn er eine Sache zu Ende gebracht hat. Zumindest diese einleitende Über-sicht über die Schwaben, ihr Wesen und ihre Essengewohnheiten ist nun-mehr zu Ende. Wenden wir uns nun auf den folgenden Seiten mit Genuß dem zu, was das eigentliche Thema dieses Buches ist: die Rezepte der schwäbischen Küche in traditionel-lem, aber auch modernem Gewand, die Kochkunst am häuslichen Herd und die Kreationen der Küchenmei-ster in den renommierten Gasthöfen.

Die Rezepte sind grundsätzlich für vier Personen berechnet, sofern nicht ausdrücklich etwas anderes angege-ben ist.

Viel Zeit und Arbeit ist erforderlich, bis der edle Rebensaft im Faß reifen kann. Die Fröste im Frühjahr müssen be-kämpft, der Weinberg gehackt und die Reben geschnitten werden, um den neuen Trieben und der Blüte ein gesundes Wachstum zu ermöglichen. Die Mühe wird aber immer wieder belohnt mit herrlichen roten und weißen Weinen, die die Schwaben am liebsten selbst trinken.

8 Hähnchenkeulen
Salz
weißer Pfeffer
Saft einer Zitrone
2 Knoblauchzehen
2 Schalotten
1 Bund Frühlingszwiebeln
50 g Fett
1/2 l trockener Weißwein
2 Fleischtomaten
1 unbehandelte Zitrone
1 Bund Zitronenmelisse

Hähnchenkeulen waschen, trockentupfen, mit Salz und Pfeffer würzen, mit Zitronensaft beträufeln. Zugedeckt 30 Minuten ziehen lassen. Knoblauchzehen und Schalotten schälen. Knoblauchzehen kleinhacken, Schalotten ganz lassen. Frühlingszwiebeln schälen, in lange Stücke schneiden. Fett erhitzen, Hähnchenkeulen unter Wenden etwa 5 Minuten anbraten. Knoblauchzehen und Schalotten dazugeben, weitere 2 Minuten braten, Weißwein zugießen, die Frühlingszwiebeln darüber legen und das Ganze zugedeckt in ungefähr 20 Minuten garen. Tomaten waschen, kurz in kochendheißes Wasser legen, Haut abziehen, Tomaten vierteln, Kerne entfernen, Zitrone gut waschen, in Scheiben schneiden und mit den Tomatenstücken in die Sauce geben. Diese noch 3 Minuten kochen lassen und abschmecken.
Zitronenmelisse waschen, Blättchen abzupfen, grob hacken und über die in der Sauce angerichteten Hähnchenkeulen verteilen. Dazu Salzkartoffeln und Blattsalat reichen.

Aichelberger
Kräuterhähnchen

Mancher gibt sich viele Müh' mit dem lieben Federvieh,/ einerseits der Eier wegen,/welche diese Vögel legen,/ zweitens weil man dann und wann/ einen Braten essen kann...«
Allem Anschein nach war Wilhelm Busch, wenn er so reimte, auch kein Kostverächter eines solchen Bratens. Seit wir ein Hühnchen oder Hähnchen das ganze Jahr über frisch oder tiefgekühlt kaufen können, kommt es schon lange nicht mehr nur an Sonntagen auf den Tisch. Vergessen wir aber nicht, daß das Federvieh früher erst nach einer Legezeit von rund drei Jahren geschlachtet wurde. Das Fleisch war dann mehr oder weniger zäh. Die heute zum Verzehr angebotenen Tiere sind höchstens ein halbes Jahr alt. Dennoch ist ihr Fleisch ernährungsphysiologisch gesehen ebenso wertvoll, außerdem leicht verdaulich und bekömmlich.
Die Beliebtheit der Hähnchen liegt auch darin, daß man sie auf vielerlei Art und Weise zubereiten kann. Ein Beispiel ist das hier beschriebene Kräuterhähnchen.
Die Frühlingszwiebeln – sie müssen

selbstverständlich nicht aus Aichelberg, einem Ort zwischen Wildbad und Freudenstadt kommen – geben dem Gericht zusammen mit Knoblauch, der in der schwäbischen Küche schon lange seinen Platz hat, das gewisse Etwas. Apropos Knoblauch – wegen seines oft störenden Geruchs können Sie auch Knoblauchpfeffer oder Knoblauchsalz verwenden. Zitronenmelisse unterstreicht die Gesamtwirkung.

500 g Mehl
4 Eier
1 TL Salz
1/4 l Wasser
Salzwasser
200 g geriebener Käse (Emmentaler oder Gouda)
2 Zwiebeln
75 g Butterschmalz
Pfeffer (Mühle)

Mehl, Eier, Salz und Wasser zu einem festen Teig rühren. Mit dem Rührlöffel so lange schlagen, bis sich Blasen zeigen. Reichlich Salzwasser zum Kochen bringen. Teig nach und nach durch eine großlöche-rige Siebschüssel streichen oder durch den Spätzleshobel in das kochende Wasser drücken. Nach kurzem Aufkochen die Knöpfle mit einem Schaumlöffel heraus-nehmen, abtropfen lassen und schichtweise abwechselnd mit dem Käse in eine Schüs-sel geben.

Zwiebeln in Scheiben schneiden, im heißen Butterschmalz hell rösten und über die Knöpfle verteilen. Sofort mit Blattsalat oder Sauerkraut servieren, denn Käseknöpfle vertragen keine Wartezeit und verlieren an Geschmack, wenn sie aufgetragen werden, ehe die Familie Platz genommen hat.

Für Vollkornknöpfle gilt die gleiche Zube-reitung, nur mit dem Unterschied, daß die Mehlmenge zur Hälfte aus Weizenmehl, Type 405, und zur Hälfte aus Vollkornmehl, Type 1050, besteht.

Als Eintopfgericht kann unter die Knöpfle auch heißes, gut abgeschmecktes Sauer-kraut mit Speckwürfeln oder gegartes, pikant gewürztes Blatt- oder püriertes Spinatgemüse gemischt werden. Die Zugabe von Käse kann dann entfallen.

Allgäuer
Käseknöpfle

Käseknöpfle sind eine Spezialität für Kenner und in allen Variatio-nen ein wichtiger Be-standteil der schwäbischen Küche. Von den Allgäuer Schwaben ist be-kannt, daß sie von jeher begeisterte Suppen- und Knöpflesesser sind. Zu einem Berg aufgehäuft, kommen Knöpfle mit reichlich geriebenem Käse dazwischen auf den Tisch. Knöpfle und Spätzle sind verwandt, aber nicht dasselbe. Der Knöpflesteig ist etwas fester und wird im Allgäu sowie im Oberland durchs Sieb gedrückt. Eines haben sie jedoch gemeinsam: Sie fallen, ob Knöpfle oder Spätzle, alle ins heiße Wasser. In *Der abenteuerliche Simplicissimus* von Johann Jakob Christoffel von Grimmelshausen sagt der Held des Romans: »Ein Knötlein, die Schwa-benländer sagen Knöpfle.« Diesen Knöpfle wird im Schwaben-land tatsächlich viel Reverenz erwie-sen. Schon im Jahre 1777 waren sie dem Dichter Schubart ein Begriff. Er schreibt von »Knöpflein, wie sie bey uns heißen«.

In Riedlingen an der Donau ist die Redensart geläufig: »*Knöpfle, Kraut und Floisch, / Wanderfritzger, jetzt zwoisch!*« Auf der armen Alb, in der Gegend von Münsingen, gehören die *Wasserknöpfle*, in der Rottenburger Gegend die *Milchknöpfle* zur Leib-speise.

Es ist zu vermuten, daß zu Ludwig Aurbachers Zeiten (1784–1847) im Ries bei Bopfingen die Knöpfle mit dem Löffel geformt wurden. Auch bedienen sich die echten Knöpfles-esser des Löffels, weil die kurzen Knöpfle so leicht von der Gabel springen. »*Mit dr Gabel isch's a Ehr, mit em Löffel kriegt mr mehr!*« Das mag auch der Grund dafür sein, warum der *Knöpflesschwob*, dem wir ja schon an anderer Stelle auf der Spur waren, stets mit einem Löffel abgebildet ist.

Doch genug der Geschichte und der Geschichtchen. Denn jetzt stehen die Käseknöpfle auf dem Tisch. Sie können geschmälzt, ungeschmälzt oder *brägelt* (geröstet) angerichtet werden. Traditionelle Beigaben sind Blattsalate und Sauerkraut. »*Solang's no Kraut und Knöpfle gibt, so lang verderbet Schwoba nit!*« lautet eine ihrer vielen Weisheiten.

Für die Apfelküchle:
500 g säuerliche Äpfel, Saft einer Zitrone
3 Gläschen Obstschnaps, 100 g Mehl
20 g gemahlene Haselnüsse
1 Prise Backpulver, 1 Prise Salz, 4 Eier
1/10 l Weißwein oder helles Bier
Backfett, 3 EL Zimtzucker

Für das Hägenmarkus:
200 g Hagebutten, 3–4 EL Zucker
1/8 l Weißwein

Für die Vanillesauce:
1/2 l Sahne, 1 Vanilleschote
2 Eigelb, 2 EL Zucker
2 EL heiße Milch

Äpfel schälen, das Kernhaus herausstechen und die Äpfel in dicke Scheiben schneiden. Mit Zitronensaft und Obstschnaps aromatisieren. Kurz durchziehen lassen.
Mehl, Haselnüsse, Backpulver, Salz, Eier und Weißwein oder Bier zu einem glatten Teig verrühren, 15 Minuten ruhen lassen. Apfelscheiben abgetropft in den Teig eintauchen und im heißen Fett auf beiden Seiten goldgelb backen. Im vorgeheizten Backofen bei 150°C warm halten. Zucker und Zimt vermischen, vor dem Servieren darüberstreuen. Apfelküchle mit Hägenmarkus darauf anrichten, heiß servieren.
Für das Hägenmarkus die Hagebutten von Stiel und Blütenansatz befreien, waschen, halbieren, Kerne herausschaben, nochmals gut waschen. Mit Zucker und Wein weich kochen, zerstampfen, durchpassieren und erwärmen. Sie können auch 4 EL fertiges Hägenmark verwenden, mit 2–4 EL Wein kurz aufkochen, leicht süßen.
Für die Vanillesauce Sahne mit der aufgeschlitzten Vanilleschote aufkochen, die Schote herausnehmen, Vanillemark herauskratzen und in die Sahne geben. Eigelb mit Zucker schaumig rühren, heiße Milch und Vanillesahne zugießen, im Wasserbad cremig schlagen. Sauce warm zu den Apfelküchle reichen.

Apfelküchle mit Hägenmarkus und Vanillesauce

Es steht ohne Zweifel fest, daß die Schwaben in Schmalz gebackene Mehlspeisen besonders lieben. Es sind oft wahre Köstlichkeiten. In der Hauptsache bestehen sie aus Mehl, Milch und Eiern sowie Fett zum Ausbacken.
Typisch schwäbisch ist die folgende Redensart: »Laß mi meine Küchle en dem Schmalz backe, noh därfscht du dein Speck en meim Kraut koche.«
Besonders geschätzt werden Küchle, die durch verschiedene Ausführungen immer wieder überraschen. Da gibt es beispielsweise die aus Hefeteig hergestellten *Knöchküchle*, bei denen der Teig auf dem Knie ausgezogen wird, oder die *Fensterküchle*, bei denen der Teig in der Mitte so dünn ist, daß man hindurchsehen kann. Bei den *ausgezogenen Küchle* wird der Teig genau wie beim Wiener Apfelstrudel so dünn gezogen, daß man durch ihn hindurch sogar die Zeitung lesen könnte.
Doch damit nicht genug: Auf der Schwäbischen Alb haben die *Hollerküchle* (Holunderküchle) einen besonders hohen Stellenwert. Dazu werden die Holunderblüten in Pfannkuchenteig getaucht und in heißem Fett ausgebacken.
Mit zum beliebtesten Schmalzgebäck aber gehören die *Apfelküchle* oder *Apfelringle.* Sie duften nach Nostalgie und rufen Kindheitserinnerungen an Großmutters Küche wach. Sind das nicht Dinge, die in der heutigen Zeit oft zu kurz kommen? Gibt es noch den verführerischen Geruch von Bratäpfeln, der die Wohnung durchzieht, diesen Inbegriff der Gemütlichkeit?
Der gute, alte Apfel ist eines der ältesten Nahrungsmittel. Die Bibel stellt ihn sogar an den Beginn der Menschheitsgeschichte. Seinetwegen wurden die ersten Menschen aus dem Paradies vertrieben, und seitdem spielt er in Sagen und Märchen eine große Rolle. Hätte sich nur damals Adam nicht von Eva und diese sich nicht von der teuflischen Schlange verführen lassen, wir würden uns wohl heute noch im Paradies tummeln.
Mit Hägenmarkus und Vanillesauce hat das Apfelküchle nicht nur schon zu Großmutters Zeiten Leib und Seele zusammengehalten, sondern es feiert auch in der Gegenwart wieder fröhliche Urständ.

25 g Mandelstifte
80 g Butter oder Margarine
125 g Zucker
4 Eier
500 g Quark (20%)
50 g Grieß
1 unbehandelte Zitrone
1 Prise Salz
500 g frische Aprikosen
Fett für die Form
Kakaopulver

Mandelstifte in 20 g Butter oder Margarine hell rösten. Zucker, Eigelb und restliches Fett schaumig rühren. Quark, Grieß, Zitronenschale und -saft sowie 1 Prise Salz daruntermischen.

Aprikosen mit heißem Wasser überbrühen, Haut abziehen, Früchte halbieren, Kerne entfernen, Aprikosen vierteln. Eiweiß steif schlagen und unter die Quarkmasse heben. Die Hälfte davon in eine gefettete Auflaufform füllen, darüber die Aprikosenstücke geben und mit dem restlichen Quark abdecken.

Auflauf im vorgeheizten Backofen (Elektroherd 200° C, Gasherd Stufe 3) ungefähr 40 Minuten backen. Mit Kakaopulver dick bestreuen und sofort servieren. Eine Vanillesauce dazu reichen.

Aprikosenauflauf mit Quark

...prach zur Milch der weiße Käse: »Um mich kurz zu fassen – haben andere auch mehr Reize, kann auf uns man sich verlassen. Wir sind ungeheuer wichtig, und man sollte dies erkennen: Es ist ganz und gar nicht richtig, Bagatellen Quark zu nennen.«

Die Bezeichnung Quark oder Quarg, mittelhochdeutsch *twarc*, ist vermutlich aus dem Slawischen entlehnt. Vielleicht ist sie darauf zurückzuführen, daß twarc im Volksmund eine Lieblingsspeise der Zwerge war. Früher wurde Quark meist mit Salz gewürzt und nur ganz selten einmal mit Früchten oder Honig.

Quark war von jeher beliebt und weit verbreitet. Dafür sprechen die vielen mundartlichen Abwandlungen. Die Frau Rat Goethe sprach von *Sibbkäs*, in Bayern und Wien heißt er *Topfen*, der Berliner kennt ihn als *Weißkäse*, der Hesse als *Matte*, am Niederrhein heißt er *Klatschkäs*, im östlichen Mitteldeutschland *Matz*, in Ostpreußen *Glumse*, in Schlesien *Weichquark* und im Württembergischen *Luckeleskäs*.

Das ist aber noch nicht alles. Bei den Badenern ist er als *Bibbeleskäs* bekannt, was besagen soll, daß ihn sogar die frisch ausgeschlüpften Küken vertragen. In Oberschwaben nimmt man sich der jungen, aus dem Nest gefallenen Störche an, und der gesunde Quark wird dann zum Storchenfutter.

Zu unserem Rezept gehört außer dem Quark noch die Aprikose. Sie kam vermutlich schon um die Mitte des 1. Jahrhunderts n. Chr. aus Armenien nach Griechenland. In Rom war sie zu Zeiten des Plinius hoch im Kurs. Was uns betrifft, so ist überliefert, daß die Aprikose um die Mitte des 16. Jahrhunderts in Stuttgart, und zwar im Lust- und Nutzgarten von Herzog Christoph, kultiviert wurde. Es war ein Glück für die Schwaben, daß sie einen für alle neuen Obst- und Gemüsesorten höchst aufgeschlossenen Regenten hatten.

Die Aprikose schmeckt gerade mit Quark zusammen verführerisch gut. Die Vanillesauce rundet das Ganze harmonisch ab. Der Kakao kann auch durch Mandelblättchen und die Vanillesauce durch eine beliebige Frucht- oder auch Schokoladensauce ersetzt werden.

Für den Hefeteig:
200 g Mehl
10 g frische Hefe oder
1/2 Päckchen Trockenbackhefe
1/8 l lauwarme Milch
80 g Butter oder Margarine
1 Ei, 1 Prise Salz

Für den Belag:
1 EL Mehl
1 Becher saure Sahne (200 g)
1/2 Becher süße Sahne (100 g)
3 Eier, Kümmel, Salz, Pfeffer
Butterflocken
Petersilie

Aus Mehl, Hefe, Milch, Fett, Ei und Salz einen Hefeteig kneten und zugedeckt an einem warmen Ort gehen lassen. Danach den Teig auf einer bemehlten Unterlage ausrollen, in eine gefettete Kuchenform (28 cm Durchmesser) legen und einen Rand hochdrücken. Auf dem Blech noch etwas gehen lassen.

Für den Belag zuerst das Mehl mit etwas saurer Sahne anrühren, dann den restlichen Sauerrahm, die süße Sahne und die verquirlten Eier daruntermischen, nach Geschmack mit Kümmel, Salz und Pfeffer würzen, und die Masse auf den Kuchenboden verteilen. Einige Butterflöckchen darauf setzen.

Den Kuchen im vorgeheizten Backofen (Elektroherd 200° C, Gasherd Stufe 3) in 30–40 Minuten backen. Mit gehackter Petersilie bestreuen. Warm, zu einem Glas Rotwein serviert, schmeckt der Salzkuchen vorzüglich.

Aspacher
Salzkuchen

ir sitzen in launiger Runde in einem *Wirtschäftle* im Bottwartal. Der Wein hat die Stimmung gelockert, er beschwingt, man genießt Ausstrahlung und Gemütlichkeit der Wirtsstube.

Es wird Salzkuchen auf den Tisch gestellt mit einem typischen Schwabenspruch: »*Langet nur zu, 's isch scho verschmerzt.*« Wir schauen uns an, lachen und lassen uns dies nicht zweimal sagen. Die Fröhlichkeit begleitet uns durch den Abend. Was Wunder, bei solch einem Bottwartäler Trollinger. Und wer nicht liebt Wein, Weib und Gesang, der bleibt ein Narr sein Leben lang!

Ein altes Rezept liegt dem Salzkuchen zugrunde, das sich durch Generationen hindurch gehalten hat. Nur regional erfährt es gewisse Veränderungen. So spricht man vom *Salzblaatz* in der Baar und auch im Gäu. Dort wird beispielsweise auf den Kuchenboden Salz gestreut. Darüber werden dann Speckwürfel und Rahm gegeben. Und in der Ulmer Gegend werden vor dem Backen auf dem Kuchen anstelle von Butterflöckchen

Speckwürfel verteilt. Aus dem Salzkuchen wird somit der Ulmer Speckkuchen.

Der Salzkuchen eignet sich gut zum Einfrieren. Daher ist er auch bestens für die kleine Gastlichkeit zu empfehlen. Den aufgetauten Kuchen warm servieren und kurz vorher mit etwas Wein beträufeln.

Für den Teig:
250 g Mehl
60 g Zucker
1 Ei
125 g Butter

Für den Belag:
1250 g mürbe Äpfel
4 EL Rum-Rosinen

Für den Guß:
2 Eier, 80 g Zucker
125 g saure Sahne
etwas abgeriebene Schale einer Zitrone
100 g Mandelblättchen

Aus Mehl, Zucker, Ei und Butter einen Mürbteig bereiten, 30 Minuten kühl stellen. 2/3 des Teiges ausrollen, eine gefettete Springform damit auslegen. Aus dem restlichen Teig eine Rolle formen, an den Rand setzen und hochziehen. In den Boden mehrmals einstechen. Die Äpfel schälen, achteln und entkernen. Apfelstücke dicht nebeneinander auf den Teigboden setzen. Rum-Rosinen darüber verteilen. Kuchen im vorgeheizten Backofen (Elektroherd 200° C, Gasherd Stufe 3) in 20 Minuten backen. Für den Guß Eier teilen. Eigelb und Zucker cremig rühren. Saure Sahne und abgeriebene Zitronenschale dazugeben. Eiweiß steif schlagen, darunterheben und diese Masse auf dem Kuchen verteilen. Mandeln darüber streuen. Den Kuchen auf der mittleren Einschubleiste weitere 20 Minuten backen. In der Form auskühlen lassen.

Bottwarer Apfelkuchen

Es war im Jahre 1744, als es Herzog Karl Eugen im Alter von 16 Jahren gelüstete, wieder einmal eine Hofjagd zu veranstalten, diesmal im Gefilde zwischen Großbottwar und Mundelsheim.

Nun war bekannt, daß der Apfelkuchen eine besondere Leib- und Magenspeise des jungen Herzogs war. So wurde der Magistrat von Großbottwar aufgefordert, dem Herzog bei einer Jagdpause zum Kaffee untertänigst auch mit dem geliebten Apfelkuchen aufzuwarten. Wieviel Karl Eugen davon vertilgte, steht nicht in den Annalen.

Das mythische Obst war nicht nur eine Liebesfrucht, sondern auch ein rechter Zank- und Streitapfel. Bei dem berühmten Urteil des Paris mußte er sozusagen als *Corpus delicti* herhalten. Paris sollte unter den drei Göttinnen Hera, Pallas Athene und Aphrodite die Schönste wählen und ihr zum Zeichen dafür den Goldenen Apfel der Hera zuerkennen. Von den Göttinnen aber war eine schöner als die andere. Schließlich reichte er den Apfel Aphrodite, der zauberhaften

Göttin der Liebe, die ihm als Gegenleistung die schöne Helena zur Gemahlin versprach. Diese war jedoch schon mit dem mächtigen König Menelaos verheiratet. Die abgeblitzten Göttinnen Hera und Athene schworen ewige Rache. Das Unheil nahm seinen Lauf. Paris raubte und entführte Helena nach Troja. Auf diese ungeheure Tat hin erhob sich ganz Griechenland. In dem nun ausbrechenden, wechselvollen Krieg mit Troja mischten die Göttinnen und Göttervater Zeus kräftig mit. Erst nach zehn Jahren siegten die Griechen. Troja wurde vollkommen zerstört.

Doch zurück zum profanen Apfel, der im Mittelpunkt von manch spannender Geschichte steht. Er ist seit fünftausend Jahren bekannt, stammt aus China und kam einst auch symbolisch als kaiserlicher Reichsapfel zu hohen Ehren.

Bis heute erfreut sich unser Apfel dank seines hohen Vitamin- und Mineralstoffgehalts sowie seines herb-süßen Aromas weltweit großer Beliebtheit. Apfelkuchenrezepte gibt es viele, aber die schwäbische Version ist eine der köstlichsten.

Für die Fischfilets:
je 200 g gelbe Rüben, Lauch
und Champignons
40 g Butterschmalz
1/8 l Weißwein, 1/8 l Brühe
Salz, Pfeffer
4 Egli-, Goldbarsch- oder Seelachsfilets
Zitronen- oder Limettensaft
etwas Mehl

Für die Schupfnudeln:
1 kg Kartoffeln, am Tage zuvor gekocht
1 Ei, Salz
geriebene Muskatnuß
etwa 150 g Mehl, Salzwasser
Backfett

Gelbe Rüben schaben, in Stifte und den gesäuberten Lauch in Ringe schneiden. Champignons waschen und halbieren. Gelbe Rüben und Lauch in der Hälfte des heißen Fetts andünsten, Weißwein und Brühe zugießen und zugedeckt bei geringer Hitze in 20 Minuten garen. Champignons erst während der letzten 5 Minuten dazugeben. Abschmecken.
Fischfilets mit Salz und Pfeffer würzen, mit Zitronen- oder Limettensaft säuern, in Mehl wenden und im restlichen heißen Fett auf beiden Seiten anbraten. Auf das Gemüse legen und zugedeckt 10 Minuten ziehen lassen.
Für die Schupfnudeln Kartoffeln schälen, fein reiben, Ei und Gewürze zufügen und dann so viel Mehl daruntermischen, daß die Masse zusammenhält. Teig gut durchkneten.
Fingerlange und fingerdicke, spitz zulaufende Nudeln formen. Diese in kochendes Salzwasser einlegen, einmal aufkochen, abtropfen lassen und in heißem Fett knusprig braten. Schupfnudeln mit Fisch und Gemüse auf einer vorgewärmten Platte anrichten.

Egliflets auf Gemüse mit Schupfnudeln

Der Flußbarsch wird in Süddeutschland und der Schweiz *Egli* genannt und ist ein äußerst beliebter Fisch, sein Fleisch ist aromatisch und angenehm zart. Er schwimmt in größeren Flüssen und in fast allen Binnengewässern. Berühmt sind die Eglizubereitungen rund um den Bodensee. Kenner und Liebhaber von Gaumenfreuden schätzen diese Köstlichkeiten.
Es ist hinreichend bekannt, daß der Mensch sich schon im Altertum von Fisch ernährt hat. In der Höhle von Kvernavika in Norwegen hat man in Felsen geritzte Zeichnungen von Fischen entdeckt. Sie gehen bis auf die Steinzeit zurück. Ein weiterer Beweis sind die frühgeschichtlichen Funde von Fischfanggeräten.
In vielen Kulturen ist der Fisch bis heute Symbol für Nahrungsfülle und Fruchtbarkeit geblieben. Bei arm und reich war er neben Brot Hauptnahrungsmittel. Überall, wo es Wasser gab, entstand das Handwerk des Fischers. So waren auch die ersten jünger Jesu Fischer. Man denke an den Fischzug des Petrus auf dem See Genezareth.

Das Christentum brachte dann neue Aspekte in die Ernährung mit Fisch. Fisch durfte als einziger Eiweißspender an Fastentagen gegessen werden, und lange Zeit war es üblich, den Freitag zum Fischtag zu machen. Schließlich waren es vor allem die Mönche, die in ihren Klöstern die Fischzucht intensiv betrieben.
Ernährungsphysiologisch nimmt Fisch in aller Welt eine Spitzenstellung ein. Außer den biologisch hochwertigen Eiweißstoffen enthält er auch lebensnotwendige Fettsäuren, Mineralien, Spurenelemente, Vitamine und Nährwerte, die wir zur Erhaltung unserer Leistungsfähigkeit brauchen. Fisch ist zudem leicht verdaulich.
In Begleitung von feinen Gemüsen, ausgewogenen Gewürzen und beispielsweise den bei den Schwaben so beliebten Schupfnudeln hat Fisch alle Vorzüge einer abwechslungsreichen und schmackhaften Kost. Fisch hat immer Saison. Petri Heil!

1 Packung TK-Blätterteig
2–3 Eigelb
3–4 EL Milch

Für die Füllung:
250 g kleine Erdbeeren
abgezogene Mandeln in gleicher
Stückzahl wie die Erdbeeren
etwas Zucker
Sherry

Für die Sauce:
125 g dunkle Raspelschokolade
1/4 l Wasser, 50 g Zucker
1 TL Speisestärke
1/8 l Sahne

Blätterteig nach Vorschrift auftauen lassen. Teigplatten unausgerollt in Quadrate von 8 x 8 cm schneiden. Eigelb mit Milch verquirlen, Teigstücke damit bestreichen, über Eck zusammenlegen und die Oberfläche ebenfalls mit verquirltem Eigelb bestreichen. Krapfen im vorgeheizten Backofen (Elektroherd 220° C, Gasherd Stufe 4) etwa 10 Minuten hell backen.

Erdbeeren waschen, gut abtropfen lassen, Stiele entfernen. In jede Beere eine Mandel hineinstecken. In eine Schüssel geben, mit wenig Zucker bestreuen und etwas Sherry darüber träufeln. Zugedeckt durchziehen lassen.

Krapfen nach dem Erkalten in der Mitte etwas aufschneiden und mit den Erdbeeren füllen.

Für die Sauce die geraspelte Schokolade mit 1/8 l heißem Wasser glattrühren, leicht süßen. Speisestärke mit dem restlichen kalten Wasser anrühren, zufügen, etwa 5 Minuten kochen lassen. Während des Abkühlens ab und zu umrühren. Sahne steif schlagen und darunterheben. Erdbeerkrapfen im Schokoladenschaum anrichten.

Erdbeerkrapfen in Schokoladenschaum

Wer etwas Besonderes mag und süße Dinge liebt, für den sind diese Erdbeerkrapfen genau das Richtige. In ganz Württemberg gedeihen Erdbeeren, mundartlich *Breschtling* genannt, ausgezeichnet. Viele Sorten werden von Profi- und Hobbygärtnern gepflegt und gehegt.

Es war ein weiter Weg, den die rote Dame einst zurücklegen mußte, bis sie in Europa bekannt wurde. Unsere Gartenerdbeere ist eine Kreuzung aus der Walderdbeere und den Erdbeersorten Virginias, Chiles und denen aus dem Himalajagebiet. Drei Erdteile waren also an ihrer Entstehung beteiligt.

Weder die Griechen noch die Römer kannten diese köstliche Frucht. Erst im Mittelalter fand die Erdbeere über Nordafrika und Spanien den Weg nach Europa. Im 17. Jahrhundert wurde sie in Frankreich erstmals kultiviert. Damals galt sie als Speise der Seligen, gleichzeitig aber auch als Sinnbild der Verlockung und der Wollust.

Ihre Verführungskünste haben ihr offenbar auch den Weg ins Schwarzwälder Murgtal geebnet. Dort wurde nämlich um die Mitte des 19. Jahrhunderts die Erdbeere erstmals in Deutschland angebaut.

Wegen ihres Aussehens in Form und Farbe und ihres einzigartigen, unwiderstehlichen Aromas wurde sie bald zur Königin der Früchte proklamiert. Die roten, herrlich duftenden und schmeckenden Beeren enthalten reichlich Vitamin C und außerdem beachtliche Mengen an Kalium, Kalzium, Phosphor und Eisen. Man sollte Erdbeeren nicht allzu lange wässern, sonst gehen die Vitamine B und C verloren.

250 g Champignons
etwas Butter
4 Forellen
Zitronensaft
Kräutersalz
4 gelbe Rüben
3 Frühlingszwiebeln
1 Bund Petersilie
1/8 l Weißwein
je 1 EL Petersilie, Basilikum und
Schnittlauch, fein gehackt
1/4 l Sahne

Die Champignons waschen, in Scheiben
schneiden, in Butter 3–4 Minuten dünsten
und in eine gefettete, flache Auflaufform
geben.
Die ausgenommenen Forellen vorsichtig
waschen, mit Zitronensaft beträufeln und
etwas salzen. Gelbe Rüben schaben, dann
waschen und in Stifte schneiden. Frühlingszwiebeln fein schneiden, Petersilie fein hak-
ken. Forellen mit dem Gemüse füllen, auf
die Champignons legen und Weißwein darüber gießen. Die Kräuter unter die Sahne
mischen und über die Forellen geben.
Im vorgeheizten Backofen bei Mittelhitze
(Elektroherd 200° C, Gasherd Stufe 3)
20–30 Minuten gratinieren. Die Forellen
mit neuen Kartoffeln servieren.

Forellen in Kräutersahne

n einem Bächlein hel-
le,/da schoß in froher
Eil'/die launige Forelle/
vorüber wie ein Pfeil./
Ich stand an dem Gestade/und sah
in süßer Ruh'/des muntern Fisches
Bade/im klaren Bächlein zu.«
Es war der schwäbische Dichter
Christian Friedrich Daniel Schubart
(1739–1791), der die launige Forelle
besungen hat. Franz Schubert ver-
tonte das Gedicht zu einem Lied und
ließ sich zu dem weithin bekannten
und beliebten Forellenquintett inspi-
rieren.
Schubart war 1769 Organist und
Kapellmeister am württembergischen Hof in Ludwigsburg und als
aufbrausende und ungezügelte Natur
bekannt. In weinseliger Stimmung
griff er des öfteren den Adel an, wobei er vor allem Herzog Karl Eugen
treffen wollte. Auch die Geistlichkeit
beleidigte er respektlos im Beisein
von Mitbürgern in Wirtshäusern.
Kein Wunder, daß der Herzog ihn
schließlich des Landes verwies, zumal sich Schubart auch noch des
Ehebruchs schuldig machte.
Herzog Karl Eugen lockte ihn aber
1777 wieder auf württembergischen

Boden zurück und ließ ihn dann,
ohne ihn anzuhören, auf die Festung
Hohenasperg bringen.
Zehn Jahre wurde Schubart dort unter härtesten Bedingungen im Kerker
festgehalten. Er nutzte die Zeit, so
gut er eben konnte, und schrieb unter anderem das Gedicht Die Forelle.
Bei der kargen Kost mag ihn auch
die Sehnsucht nach einer der guten
Forellen, wie sie damals noch im
Neckar schwammen, dazu getrieben
haben. Von der Kräutersahne in diesem Rezept hätte er allenfalls auch
nur träumen können.

Für die Forellenklößchen:
4 Forellenfilets à 100 g
Saft von 2 Zitronen oder etwas Gin
100 g Crème fraîche, 3 Eigelb
2 Eiweiß, Kräutersalz
Cayennepfeffer, 2 l Salzwasser

Für den Tomatenschaum:
4 Fleischtomaten, 100 g saure Sahne
1 TL Tomatenmark
2–3 EL geschlagene Sahne
Salz, Pfeffer, feingehackter Dill

Für die Garnitur:
Zitronenmelisse oder Krabben
2 Tomaten, 1 hartgekochtes Ei

Forellenfilets in kleine Stücke schneiden, Zitronensaft oder Gin daruntermischen. Die Filets etwa 30 Minuten in den Kühlschrank stellen. Das Forellenfleisch dann mit 3 EL Crème fraîche im Mixer pürieren und anschließend durch ein feines Sieb streichen. Eigelb nach und nach unterrühren. Eiweiß steif schlagen und darunterheben. Die restliche Crème fraîche langsam einrühren und nach Geschmack mit Kräutersalz und Cayennepfeffer würzen.

Salzwasser zum Kochen bringen. Während dieser Zeit Forellenmasse nochmals kalt stellen, dann davon mit 2 Eßlöffeln längliche Klöße formen (ergibt je nach Größe 12–16 Stück), wobei die Löffel immer wieder in kaltes Wasser getaucht werden müssen. Klöße in das Salzwasser einlegen und bei geringer Hitze im offenen Topf etwa 10 Minuten ziehen, aber nicht kochen lassen. Es ist ratsam, einen Probekloß im Salzwasser schwimmen zu lassen. Sollte er nicht halten, müssen Sie etwas Weckmehl unter die Klößchenmasse mischen. Die Klöße sind gar, wenn sie auf der Wasseroberfläche schwimmen. Dann mit einem Schaumlöffel die Klöße vorsichtig aus dem Wasser nehmen und auf einer Platte oder einem Teller mit dem Tomatenschaum anrichten. Mit Zitronenmelisse oder jeweils einer Krabbe garnieren.

Für den Tomatenschaum die Tomaten mit kochendem Wasser überbrühen, die Haut abziehen und Kerne entfernen, mit der sauren Sahne im Mixer pürieren. Tomatenmark und geschlagene Sahne darunterheben und mit den Gewürzen abschmecken. Platte oder Teller noch mit Tomatenachteln und Eischeiben verzieren. Nun können Sie Ihren Gästen eine wirklich feine Vorspeise servieren.

Forellenklößchen auf Tomatenschaum

»a könnt' i mi grad neihocka.« Ein Ausruf, den ich von einer Schwäbin bei diesem köstlichen Gericht vernommen habe. Nun, sie hat es zum Glück nicht getan. Die Forellenklößchen in der roten Sauce hätten es ihr wohl sehr übel genommen.

Fest steht aber, daß auch die Liebe der Schwaben durch den Magen geht. Diese Klößchen können es mit der Kochkunst eines jeden Küchenchefs aufnehmen. Sie sind ein Gericht abseits von Rostbraten, Leberspätzle, sauren Kutteln, Flädle und Kartoffelsalat. Wir Schwaben sind anspruchsvoller geworden. Es geht uns nicht mehr nur um diese Leibgerichte, die neue schwäbische Küche will ihr *Imitschle* im Lande verbessern. Mit den Forellenklößchen zum Beispiel gelingt es eindrucksvoll.

750 g Erdbeeren
1 EL Zucker
2 Gläschen (je 2 cl) Cointreau
Pfeffer (Mühle)
1/4 l Sahne
1 Päckchen Vanillinzucker
4 Kugeln Vanilleeis
4 Kugeln Schokoladeneis
2 EL dunkle Schokolade, geraspelt
2 EL Mandeln, blättrig geschnitten

Erdbeeren waschen, auf einem Sieb gut abtropfen lassen. Stielansätze entfernen, halbieren, einige Früchte zum Garnieren zurückbehalten. Zwei Drittel der Früchte mit dem Zucker im Mixer pürieren, den Rest in Gläser verteilen. Mit Cointreau beträufeln und mit einem Hauch Pfeffer würzen. Sahne mit Vanillinzucker steif schlagen, die Hälfte davon unter das Fruchtmark ziehen und diese Mischung über die Früchte verteilen. Auf jedes Glas je eine Kugel Vanille- und Schokoladeneis geben. Mit der restlichen Schlagsahne garnieren. Über das Vanilleeis die geraspelte Schokolade und über das Schokoladeneis die Mandelblättchen verteilen. Obenauf je eine Erdbeere setzen.

Freudenstädter Becher

Ein süßes Dessert war nach Ansicht unserer Ahnen die Speise der Götter. Wenn es auch zu jener Zeit ein Luxus war, ein göttliches Vergnügen ist es bis heute auf jeden Fall geblieben.

Ein Nachtisch mit Eis ist nicht selten der Höhepunkt eines Menüs. Im Schwabenland wird viel Wert darauf gelegt, daß das Finale beeindruckt und man es mit einem tiefgezogenen »Ahhh« begrüßen kann.

Ein Rezept mutet mich wie eine Orchesterpartitur mit heiterem Spiel an, wie von Mozart oder Haydn geschaffen. Es sieht zunächst verwirrend aus, löst sich aber in schönster Harmonie auf. Der Künstler mischt seine Noten der Musik entsprechend, so wie der Meister der Küche mit seinen Mitteln komponiert. Ein Ohrenschmaus hier, ein Gaumenschmaus dort.

Zu diesem Gedankenspiel und Glück des Genießens hat mich der Freudenstädter Becher inspiriert. Das Rezept stammt aus einem Café in Freudenstadt, das mir diesen Eisbecher als Spezialität des Hauses servierte. Man muß ihn unbedingt versuchen, er ist

wie ein himmlischer Traum auf Erden!

Erdbeeren können Sie auch durch Himbeeren ersetzen, den Cointreau durch Himbeergeist. In diesem Fall den Pfeffer weglassen.

Für den Mürbteig:
220 g Mehl
80 g Zucker
1 EL saure Sahne, 1 Ei
110 g Butter oder Margarine
3 EL gemahlene Haselnüsse

Puderzucker zum Bestäuben

Für den Belag:
1 kg Rhabarber
3 Eier
150 g Zucker
4 EL Grieß
50 g Mandelstifte
200 g saure Sahne

Für den Mürbteig Mehl auf ein Backbrett geben. In die Mitte eine Vertiefung eindrücken. Zucker, saure Sahne und das Ei hineingeben. Das zerkleinerte Fett darauf verteilen. Alles rasch zu einem glatten Teig verkneten. Auf dem bemehlten Backbrett ausrollen, in eine gut gefettete Springform legen und einen 3–4 cm hohen Rand andrücken. Haselnüsse darüber streuen.

Für den Belag Rhabarber schälen, in kleinere Stücke schneiden, mit kochendem Wasser übergießen, 5 Minuten darin liegen lassen und gut abgetropft auf den Kuchenboden geben.

Eigelb mit Zucker schaumig rühren, Grieß, Mandelstifte und saure Sahne daruntermischen. Zum Schluß steifgeschlagenen Eischnee unterheben und über den Rhabarber verteilen.

Den Kuchen im vorgeheizten Backofen (Elektroherd 200° C, Gasherd Stufe 3) 40–50 Minuten backen. Vor dem Servieren mit Puderzucker bestäuben.

Frühlingskuchen

eine Süßigkeit muß schön und duftend sein, so daß sie einen St. Antonius verführen kann.« So schwärmte Felix Timmermanns von Kuchen und Torten. Wo immer die Schwäbin schaltet und waltet, wird neben dem Kochen auch mit viel Liebe gebacken. Das bewies die schwäbische Dichterin Ottilie Wildermuth, die Mitte des letzten Jahrhunderts in Tübingen lebte, immer wieder. Sie war eine große Koch- und Backkünstlerin und wußte von der Frau Löfflerin, Verfasserin eines in jenen Jahren sehr bekannten und beliebten Kochbuchs, zu berichten, daß diese wundervolle Aufsatztorten an die Tafel des »gar alten Königs« geliefert habe.

Aus Ottilies Feder stammen die folgenden Verse:

»Ich habe in des Lebens Lenze
Kochkunst studieret mit Gewinn,
Lang eh ich dacht an Lorbeerkränze,
Bei der Tochter der Frau Löfflerin.
Gern koche ich mit eignen Händen
Dem werten Gast sein Leibgericht,
Und Poesie und Prosa einet
Hier im Ländle vergeht kaum einmal

ein Wochenende, an dem nicht ein selbstgebackener Kuchen die Kaffeetafel krönt. Die Schwäbin ist stolz auf ihre Rezepte, sie bäckt traditionsbewußt mit viel Sorgfalt und Freude. Ihre Kuchen stehen überall hoch im Kurs.

Unser Rhabarberkuchen, frisch gegessen, schmeckt ausgezeichnet, besonders, wenn Sie noch Schlagsahne dazu reichen.

Gebratenes Lachsfilet mit Kräutersahne

Für das Lachsfilet:
4 Scheiben Lachsfilet à 200 g,
frisch oder tiefgekühlt
Zitronensaft
Traubenkernöl
Salz, Pfeffer
40 g Butter
3/8 l Riesling

Für die Kräutersahne:
4 EL Crème fraîche oder Crème double
1/2 TL Senf
etwas Zitronensaft
2 EL kleingehackte Petersilie
2 EL kleingehacktes Basilikum
einige Blättchen Zitronenmelisse

Lachs sorgfältig trockentupfen, auf eine Platte legen, mit Zitronensaft und Traubenkernöl beträufeln, etwas salzen und pfeffern und 15 Minuten durchziehen lassen. Butter erhitzen, Lachsscheiben dazugeben und unter vorsichtigem Wenden auf beiden Seiten anbraten. Den Riesling zugießen und in 6–8 Minuten bei geringer Hitze gar ziehen lassen. Auf einer vorgewärmten Platte anrichten.

Für die Kräutersahne Crème fraîche mit Senf und etwas Zitronensaft würzig abschmecken, Kräuter unterrühren und die Sauce über den Fisch verteilen.

Dazu in der Folie gegarte Kartoffeln und Spargeln servieren. Die Folienkartoffeln bereiten Sie wie folgt zu: größere Kartoffeln gut waschen, abbürsten, trocknen, einzeln in Alufolie einschlagen und im vorgeheizten Backofen (Elektroherd 200° C, Gasherd Stufe 3) 50–60 Minuten garen. Folie leicht öffnen, von den Kartoffeln je einen Deckel abschneiden und die Kartoffeln ein wenig aushöhlen. Das Ausgehöhlte mit kleingehackten Zwiebelchen und ausgelassenen Speckwürfeln vermischen, salzen und pfeffern und in die Kartoffeln füllen. Je ein Stückchen Butter darauf geben und ohne Deckel in der geöffneten Folie für weitere 10 Minuten bei unveränderter Hitze in den Backofen stellen.

Wenn ein Schwabe ans Mittelmeer reist und über die dortigen Fischmärkte bummelt, dann beeindruckt ihn die Vielfalt der ausgebreiteten Meeresfrüchte. Wer läßt sich da nicht animieren, die Qualität dieser oder jener Fischart selbst auszuprobieren und mit einem neuen Fischgericht zu Hause aufzuwarten?

Und wenn man in einer alten Chronik der Stadt Münsingen liest, daß Wild und Fisch den Herren untertan waren, so erklärt das noch nicht, daß der Fisch verpönt war, wie eine andere Kunde jener Zeit lautet. Allerdings ist die Schwäbische Alb nicht gerade mit Wasservorkommen gesegnet, das örtliche Angebot an frischen Fischen hatte also enge Grenzen. Zeitweise war Wasser dort so knapp und kostbar, daß man sogar das Spätzleswasser nach dem Kochen noch als Badewasser für das Kleinkind verwendete. Vielleicht war aber auch Unkenntnis schuld. *Was dr Bauer net kennt, des i/ßt 'r net.* Andererseits berichtet die besagte Chronik wiederum, daß die Dorfjugend Krebse mit Begeisterung gefangen und mit großem Appetit lebend gegessen habe.

Ob Sie bei unserem Rezept das Filet des echten Lachses oder das Fleisch der Lachsforelle verwenden, spielt keine Rolle. Das Fleisch des echten Lachses ist rosa, zart, fast ohne Gräten und wundervoll aromatisch im Geschmack, das der Lachsforelle ist schwach rötlich und außerordentlich saftig. Beide Arten sind leicht verdaulich. Frisch schmeckt die Lachsforelle von Mai bis Juli am besten. Wie der Lachs, so wird auch die Lachsforelle heute in größerem Ausmaß in norwegischen Wasserkulturen gezüchtet und in alle Welt verschickt. Das hier aufgezeigte Rezept erhält seinen Pfiff durch die gefüllten Folienkartoffeln. Gefüllte Kartoffeln waren übrigens ein Lieblingsgericht von Eduard Mörike. Er nannte sie wohl nur zum Spaß »Arme-Leute-Kartoffeln«. Dem Dichter hatten sie es angetan, das wissen wir aus den Aufzeichnungen seiner Mutter. Auch Sie werden von dieser Zubereitung begeistert sein.

300 g gekochtes Hühnerfleisch
50 g gekochter Schinken
1 großer, saftiger Apfel
Saft einer Zitrone
2–3 Scheiben Ananas
6–10 Walnußhälften
3 EL Mandarinenspalten (Dose)
125 g Joghurtmayonnaise
3–4 EL Joghurt
1 EL Tomatenketchup
Salz
weißer Pfeffer
Salatblätter, gewaschen und getrocknet
Estragonblättchen, kleingehackt

Hühnerfleisch in Scheiben und Schinken in kleine Würfel schneiden. Apfel schälen, vierteln, entkernen, stiften und mit Zitronensaft beträufeln. Ananas und Walnußhälften in kleine Stücke schneiden, Mandarinenspalten einmal teilen, mit den Apfelstiften unter das Geflügelfleisch mischen. Joghurtmayonnaise mit Joghurt und Tomatenketchup verrühren, würzig abschmecken und mit den Salatzutaten vermengen. Salat in eine mit Salatblättern ausgelegte Schüssel füllen und mit kleingehackten Estragonblättchen garnieren. Dazu frisches Stangenweißbrot reichen.

Geflügelsalat

Es wird behauptet, daß die Römer den Salat erfunden hätten. Nun, sie haben es auf jeden Fall verstanden, ihn ideal und genußreich mit Früchten zu kombinieren.

Die neue schwäbische Küche hat die süß-sauren Salatkreationen wieder entdeckt und sie den heutigen Erkenntnissen angepaßt. Schließlich ist auch in Schwaben nicht immer nur Hausmannskost gefragt. Ab und zu braucht man einen neuen Gaumenreiz und sehnt sich nach etwas Besonderem. Diesen Wunsch erfüllt dieser Geflügelsalat mit seinem bekömmlichen Dressing. Er wird mit Weißbrot und einem Glas Wein, das Schwabenland ist ja prädestiniert dafür, serviert.

Soll der Salat mehr sättigen, kann man ihn mit weiteren vorbereiteten Zutaten wie Teigwaren oder Reis, auch Chicorée oder Champignons anreichern. So ausgestattet, ersetzt der Geflügelsalat eine vollwertige Mahlzeit, nicht nur an heißen Tagen, für die sich dieses Rezept vorzüglich eignet. Es muß also nicht immer ein Kartoffelsalat sein, der in der schwäbischen Küche die anerkannt gewichtige Rolle spielt.

Doch kein Salat ohne Marinade. Die beiden sind nahezu untrennbare Partner. Menge und Gewürze müssen harmonieren. Die Schwäbin besitzt ohne Zweifel das nötige Gefühl für Ausgewogenheit und kombiniert mit Liebe und Sorgfalt. Das Maß für richtiges Würzen hat sie aus Erfahrung gelernt.

Verwenden Sie für Salatmarinaden auf Joghurtbasis möglichst Zitronensaft statt Essig, der sich mit Milchprodukten schlecht verträgt. Wie bei allen Salaten, so läßt sich auch hier die Geschmacksrichtung nach eigenem Belieben variieren. Statt Estragon können Sie Petersilie – ja immer – oder Kresse verwenden und beim Würzen noch einen Hauch Ingwer hinzufügen.

Gefüllter Gänsehals mit Sherrysauce

Für die gefüllten Gänsehälse:
2 Gänsehälse
100 g Kalbs- oder Gänseleber
75 g frischer Speck
2 EL kleingehackte Petersilie
2 EL Zwiebelwürfelchen, Beifußgewürz
10 g Butter, 3 EL Semmelbrösel
2 EL kleingehackte Essiggurke, 1 Ei
2 TL saure Sahne, 200 g Hackfleisch
Salz, Pfeffer, Salzwasser

Für die Sherrysauce:
150–200 g Quark, 1 Becher Joghurt
2 EL Preiselbeeren oder
Johannisbeergelee
Salz, Senf, Cream Sherry

Gänsehälse gut säubern, wenn notwendig, auch abflammen, dann die Haut vorsichtig abziehen. Am dünnen Ende mit weißem Faden zunähen.
Für die Fülle die Leber gut waschen, mit dem Speck in kleine Stücke schneiden, im Mixer pürieren oder durch den Fleischwolf drehen. Petersilie und Zwiebelwürfelchen mit ganz wenig Beifuß in der heißen Butter glasig dünsten. Erkaltet mit der pürierten Lebermasse, den Semmelbröseln, den Gurkenstückchen, dem Ei und der Sahne unter das Hackfleisch mischen. Füllung würzen, mit Hilfe eines Kochlöffels in die Hälse stopfen und diese dann zunähen. Die Hälse in kochendes Salzwasser einlegen und bei geringer Hitze schwach kochend ungefähr 25 Minuten ziehen lassen. Nach dem Erkalten Fäden entfernen und die Hälse in etwa 1 cm dicke Scheiben schneiden.
Für die Sauce Quark mit Joghurt cremig rühren, Preiselbeeren oder Johannisbeergelee untermischen. Nach Geschmack mit Salz, Senf und Cream Sherry abrunden. Mit warmem Kartoffelsalat oder Bratkartoffeln servieren.

Das Gänseklein, so hat man mir erzählt, wird in vielen Küchen einfach weggeworfen. Nicht so bei den Schwaben, die es vor dem Martinstag oft zu einem schmackhaften Gericht verwenden. Hier könnte auch die sprichwörtliche Sparsamkeit im Ländle eine Rolle spielen.
Am Martinstag, dem 11. November, steht traditionsgemäß die Gans als festlicher Braten, meist gefüllt, auf dem Tisch. »Ein guter Gänsebraten verteilt im Haus die dicke Luft.« Daß die Gänse um Martini stets am besten schmecken, wußten auch die Grundherren im 13. Jahrhundert. Aus den Annalen geht hervor, daß die Leibeigenen am Martinstag ihren Tribut an Naturalien auch mit Gänsen abgelten mußten.
Die Martinsgans geht auf eine Legende zurück. Der heilige Martin (Martin von Tours) versteckte sich einst in einem Gänsestall, um sich der Wahl zum Bischof zu entziehen. Das entsetzliche Gänsegeschnatter verriet ihn aber. Die armen Gänse mußten es büßen, sie wurden alle geschlachtet.

Eine andere Gänsegeschichte ist die von der sagenhaften Errettung des römischen Kapitols. Die Gallier hatten im Jahre 387 v. Chr. Rom erobert und durch Feuer zerstört. Nur noch das Kapitol trotzte ihrem Ansturm. Hier erhob sich die stolze Burg der Römer, der Senat hielt sich hier auf, und viele Bewohner der Stadt hatten auf dem Kapitol Zuflucht gefunden. Auch die heiligen Gänse der Juno hatte man hierher gebracht. In einer sternenklaren Nacht stiegen die gallischen Krieger auf einem geheimen Pfad über die Felsen zur Burg hinauf. Leichtsinnigerweise waren die römischen Wächter eingeschlafen. Das Kapitol schien verloren. Da erhoben die Gänse der Juno plötzlich ein solches Geschrei, daß die Wächter erwachten, zu ihren Waffen griffen und die Gallier niedermachten. Und da sage noch einer, man müsse d'Leut *schwätze lasse, d' Gäns könntet's net!*
Köstlich schmecken bei der Gans das Brustfleisch, die Leber und das Fett. Eine Delikatesse ist dieser gefüllte Gänsehals und das Besondere dabei die Sherrysauce. Kalt läßt sich der Gänsehals auch ausgezeichnet als Brotbelag verwenden.

400 g Kalbsleber
100 g Salatgurke
1 Zwiebel
60 g Butter
1 EL Mehl
1/4 l Weißwein oder Brühe
1/8 l Apfelessig
Salz
Pfeffer
Zitronensaft

Leber waschen, mit Küchenkrepp trockentupfen und schnetzen (in dünne Scheiben schneiden). Gurkenstück gut waschen, der Länge nach teilen, Kerne entfernen und in Streifen schneiden. Geschnetzelte Leber und Gurkenstreifen in wenig Butter anbraten, dann aus der Pfanne nehmen. Zwiebel würfelig schneiden und im Bratensatz der Pfanne und in der restlichen Butter zusammen mit dem Mehl bräunen. Mit Weißwein oder Brühe und Apfelessig ablöschen. Die Sauce mit Salz und Pfeffer würzen und etwa 10 Minuten bei geringer Hitze kochen lassen. Leber dazugeben und kurz darin erhitzen. Mit Zitronensaft abschmecken.
Die Leber mit Bratkartoffeln oder Rösti servieren.

Geschnetzelte Kalbsleber in Apfelessigsauce

ie schwäbische Küche läßt durchaus auch einmal Phantasie und Einfallsreichtum in ein Pfannengericht mit einfließen. Eine uns wohlbekannte Spezialität ist das Geschnetzelte. Ob es aus Kalb-, Rind- oder Schweinefleisch oder aus der Leber zubereitet wird, spielt dabei keine Rolle. Das Geschnetzelte soll in der Schweiz erfunden worden sein. Über die nahe Grenze wurde es wohl auch deshalb in die schwäbische Küche integriert, weil es schnell und leicht zuzubereiten ist und vortrefflich schmeckt.

Das schwäbische Wesen kann schon arg hintergründig sein. Denken wir an die Geschichte vom Leberlein, der dem Herrgott das Leberlein eines Lammes, das auf der Brühe schwamm, einfach weggegessen hat. Dabei hatten beide vereinbart, alles miteinander zu teilen. Als das Essen auf den Tisch kam und der Herrgott den Schwaben nach dem Leberlein fragte, antwortete dieser, daß das Lämmchen keines gehabt habe. Wie aber konnte ein Lämmlein ohne Leber leben? Doch der Schwabe beharrte auf seiner Aussage. Lieber

wollte er sich hängen lassen, als sein Leugnen aufzugeben.
Als es zuletzt an das Verteilen von 200 Gulden ging, der Herrgott drei Teile machte und der Schwabe sich darüber wunderte, erwiderte der Herrgott, ein Teil gehöre ihm, dem, der das Leberle gegessen habe, der zweite dem Schwaben und der dritte dem, der das Leberle gegessen habe. Darauf polterte der Schwabe los und schrie: »Bei Gott und allen Heiligen, i hab's aufg'fresse!«
Ob er auf diese Weise auch noch an das zweite Drittel des Geldes herankam – ich vermag's nicht zu sagen. Wie wichtig ist doch für den Schwaben der Gewinn. Eine Sache mit Nachteilen paßt ihm ganz und gar nicht.
Zur Sauce wird bei unserem Gericht übrigens Apfelessig verwendet, der halb so viel Säure wie Weinessig enthält und den feinen Geschmack der Leber unterstreicht. Darum ist es auch ein delikates Gericht.

4 Hähnchenbrustfilets
Kräutersalz
Pfeffer
4 Scheiben gekochter Schinken
50 g Fett
1/8 l Riesling oder Fleischbrühe
1 EL Crème fraîche
2 EL Tomatenmark
2 Tomaten
2 EL gewürfelte Salatgurke
1/4 l Sahne
8 eingelegte rote Pfefferbeeren
100 g Speckwürfel

Hähnchenfilets mit Küchenkrepp abtupfen, mit Salz und Pfeffer einreiben. Jedes Filet in eine Scheibe Schinken wickeln, mit Holzspießchen zusammenhalten und in heißem Fett auf beiden Seiten anbraten. Riesling oder Fleischbrühe zugießen, Crème fraîche und Tomatenmark einrühren und die Filets bei geringer Hitze 10–15 Minuten garen. Tomaten kurz in heißes Wasser legen, enthäuten, in kleine Würfel schneiden und zusammen mit den Salatgurkenwürfeln in die Sauce geben. Sahne und Pfefferbeeren unterrühren. Sauce kurz aufkochen lassen und würzig abschmecken. Speckwürfelchen in einer Pfanne kurz bräunen und auf den Hähnchenbrustfilets anrichten. Dazu Spinat und Salzkartoffeln servieren.

Hähnchenbrustfilets in Rieslingpfeffersauce

Das Fleisch von einem Hähnchen ist immer zart und schmeichelt dem Gaumen. Die Sauce spielt ihre Rolle bei diesem Gericht mit eindrucksvollem Effekt. Sie erhält ein besonderes exotisches Flair, weil sie mit roten Pfefferbeeren gewürzt wird.

Der echte Pfeffer wird aus den Früchten eines Kletterstrauches gewonnen, der nur in tropischen Ländern gedeiht. Er wird in ganzen Körnern oder gemahlen angeboten. Wir unterscheiden je nach Aroma, Schärfe und Behandlung zwischen schwarzem, weißem und grünem Pfeffer. Die rosaroten Beeren hingegen sind die Früchte des südamerikanischen Pfefferbaumes. Sie haben ein deutliches Pfefferaroma, sind aber im Geschmack leicht süßlich, nicht brennend scharf und ideal einsetzbar für Saucen.

Um den echten Pfeffer lieferten sich einst ganze Völker blutige Kriege. Ein Sack dieses scharfen Gewürzes konnte ein Menschenleben aufwiegen. Pfefferkörner waren so begehrt, daß man sie wie Edelsteine in kostbaren Behältern aufbewahrte. So

wird sie auch die Königin von Saba unter anderen Spezereien als Geschenk für König Salomon in ihrem Reisegepäck mitgeführt haben. Schon im 1. Jahrtausend v. Chr. würzten die Inder und Babylonier mit der Schärfe dieser Körner und verwendeten sie auch als Arznei. Vermutlich gaben die Inder ihnen den Namen *Pippali* oder *Pipali*, aus dem dann Pfeffer wurde.

Die Krieger Alexanders des Großen brachten die ersten Pfefferkörner aus Indien nach Griechenland. Von dort hatte es der Pfeffer nicht mehr weit zu den Römern und dem westlichen Mittelmeerraum. Die Lieferanten waren die Araber, in deren Land sich die uralten Handelswege vom äußersten Osten zum fernen Westen kreuzten. Zur Zeit Karls des Großen kam das kostbare Gewürz auch zu uns und nach Frankreich. Als Vasco da Gama 1498 den Seeweg nach Indien entdeckte, blühte der Pfefferhandel erst richtig auf. Nach Portugal und Holland wurde England als damals stärkste Handelsmacht führend. Der Preis für das Gewürz war allerdings »gepfeffert«!

Für den Mürbteig:
200 g Mehl, 80 g Zucker, 1 Ei
abgeriebene Schale einer
unbehandelten Zitrone
125 g Butter oder Margarine
1 EL Weckmehl
2 EL gemahlene Haselnüsse

Für den Belag:
6 EL gemahlene Haselnüsse
500 g dickes Apfelmus, leicht gesüßt
4 Eier, 500 g trockener Quark
100 g Zucker, 80 g Mehl
125 g saure Sahne
30–50 g Mandelblättchen

Aus Mehl, Zucker, Ei, Zitronenschale und Fett einen Mürbteig zubereiten, ausrollen, in eine gefettete Springform legen, einen Rand hochziehen. Boden im vorgeheizten Backofen (Elektroherd 200° C, Gasherd Stufe 3) in 10 Minuten blindbacken. Weckmehl mit Haselnüssen vermischen und auf den Teigboden streuen.
Für den Belag 4–5 EL gemahlene Haselnüsse unter das Apfelmus mischen und auf den Boden streichen. Eigelb mit Sahne, quark und restlichen Zutaten, ausgenommen die Mandelblättchen, vermischen. Eischnee unterheben und die Masse auf dem Apfelmus verteilen. Mandelblättchen darüber streuen.
Kuchen im vorgeheizten Backofen (Elektroherd 200° C, Gasherd Stufe 3) etwa 50–60 Minuten backen.
Während des Backens Kuchen mit Pergamentpapier abdecken, damit er nicht zu dunkel wird.

Haigster Käsekuchen

Zu einer gemütlichen Kaffeestunde am Nachmittag gehört ein hausgemachter Kuchen, sei es ein gerührter Kuchen, ein Obstkuchen mit einem Hefe- oder Mürbteig oder ein Käsekuchen. Die Lust auf etwas Süßes steckt in vielen Menschen, in den Schwaben besonders ausgeprägt. Nirgendwo wird das Selberbacken so groß geschrieben wie auf dem Lande, wenn die Zeit der *Kirbe* (Kirchweihe) gegen Ende August beginnt. In den Dörfern backen die Frauen bis tief in die Nacht. Dreißig Kuchen hintereinander und sind keine Seltenheit. Im Holzbackofen, heißt es bekanntlich, werden die Kuchen noch einmal so gut. Man geht daher nach mancherorts auch heute noch ins dörfliche Backhäusle, wo so großer Andrang herrscht. Nun hat ein alter Holzbackofen auch einmal ausgedient und muß abgebrochen werden. Sollte er durch einen elektrischen Ofen ersetzt werden? Bei einer deswegen anberaumten Gemeinderatssitzung folgte die Antwort auf dem Fuße. Als man mitten im Debattieren war, gewitterte es heftig, der elektrische Strom fiel aus, und man saß im Dunkeln. Was aber, wenn dies bei einem elektrischen Backofen geschieht, in dem sich gerade ein prachtvoller Kuchen befindet? Die Sache war klar, die Sitzung beendet, der Holzbackofen hatte gesiegt.

8 große Wirsingblätter
Salzwasser
250 g gekochter Schinken
75 g roher Schinken
1 Glas Sherry
2–3 EL Sahne
200 g Bratwurstbrät
700 g Hasenfilet
1 Zwiebel
50 g Fett
3/8 l Weißwein
1/4 l Brühe
100 g Hagebuttenmus (Glas)
1 TL Speisestärke
Meersalz
Pfeffer

Wirsingblätter gut waschen und 3–5 Minuten in kochendheißes Salzwasser legen. Blätter herausnehmen und – damit die Farbe erhalten bleibt – in kaltes Wasser legen.

Gekochten und rohen Schinken in feine Streifen schneiden, mit Sherry und Sahne unter das Bratwurstbrät mischen. Hasenfilet in 8 Scheiben schneiden. Jede Scheibe auf beiden Seiten dick mit der Farce bestreichen und in ein abgetropftes Wirsingblatt wickeln. Mit Rouladennadeln oder Faden zusammenhalten.

Die Zwiebel kleinwürfeln, zum heißen Fett geben, Hasenfilets einlegen und in den vorgeheizten Backofen (Elektroherd 220° C, Gasherd Stufe 3–4) schieben. Nach 10 Minuten Weißwein und Brühe zugießen. Die Hasenfilets in 30 Minuten garen.

Hagebuttenmus in die Dünstflüssigkeit einrühren, Sauce mit angerührter Speisestärke binden, würzig mit Salz und Pfeffer abschmecken.

Mit Kartoffellaible (siehe Rezept Seite 176) serviert, haben Sie ein wohlschmeckendes und raffiniertes Gericht.

Hasenlendchen im Wirsingmantel

Der Schwäbische Wald, so sagt man, sei eine einzige grüne Woge mitten im Herzen des Schwabenlandes. Wer ihn durchwandert, findet weitläufige bäuerliche Anwesen, verträumte Dörfer, romantische Mühlen an klaren Bächen und einladende Gasthöfe, in denen exquisite Wildgerichte serviert werden. Kindheitserinnerungen werden wach, wir denken an das Märchen vom Hasen und vom Igel, den Osterhasen, der die Eier legt, und an das Lied vom Häslein, das da in der Grube saß und schlief und dann durch die Flinte des Jägers sein Leben lassen mußte. Es ist Herbst, wenn die Jäger zur Jagd aufbrechen und das Halali ertönt. Damit stellt sich auch der Appetit auf Wildbretgerichte ein. Sie haben das Flair des Festlichen und Besonderen. So wie diese Hasenlendchen im grünen Mantel zum Beispiel. Begleitet werden sie von einer raffinierten Sauce, die mit Weißwein und Hagebuttenmus aromatisiert wird. Zu diesem Essen gehört fast obligatorisch ein Glas Wein. Wie wäre es mit einem typisch schwäbischen Trollinger oder, wenn's was ganz

Gutes sein darf, einem Brüssele-Riesling? Nun, für den Feinschmecker galt früher zwar, daß der gleiche Wein zum Wildbret getrunken wird, mit dem das Gericht gegart wurde. Doch unsere Eß- und Trinkgewohnheiten haben sich geändert. Man ist toleranter geworden und trinkt den Wein, der einem am besten bekommt oder den man besonders liebt. »Der Genüsse höchstes aber ist der Wein«, sagte der Schieferdecker und Poet Leopold Baur. Schubart, Uhland und Hegel, drei berühmte Weintrinker, waren derselben Meinung.

500 g gekochte Kutteln
Saft einer Zitrone
1 große Zwiebel
1 Sträußchen Petersilie
30 g Butter oder Margarine
1 EL Mehl
1/2 l Fleischbrühe
1/4 l Trollinger
Salz
Pfeffer

Kutteln in fingerlange Streifen schneiden und mit Zitronensaft beträufeln. Zwiebel schälen und kleinwürfelig schneiden. Petersilie waschen, mit Küchenkrepp trocknen und fein wiegen. Zwiebelstückchen und Petersilie im Fett glasig dünsten, Mehl darüber streuen, mit Fleischbrühe ablöschen und etwa 15 Minuten bei geringer Hitze kochen lassen. Kutteln unter die Sauce mischen, mit Trollinger verfeinern und kurz erhitzen. Zum Schluß sparsam mit Salz und Pfeffer würzen.

Dazu grüne Nudeln (Spinatnudeln) servieren, die als Fertigprodukt im Handel erhältlich sind.

Herrenberger Kuttelgericht

Kutteln, anderswo auch Kaldaunen, Pansen, Rumen oder Kuttelfleck genannt, sind der fleischige Teil des Vormagens der Wiederkäuer. Aus ihnen machen die Schwaben ein beliebtes Gericht, die Franzosen und Italiener zählen sie gar zu den Delikatessen.

Hierzulande ist man seit einigen Jahren dabei, Kutteln ebenfalls auf raffiniertere Art zuzubereiten, wie dieses Rezept aus Herrenberg beweist. Sogar Restaurants mit gehobenen Ansprüchen scheuen sich nicht mehr, Kutteln in den verschiedensten Variationen auf den Tisch zu bringen. Statt des Trollingers wird beispielsweise gerne Apfelwein verwendet und mit Calvados abgeschmeckt. Das ist die französische Richtung. Sie können dem Gericht aber auch gekochte Ochsenschwanzstücke und Karotten zugeben oder die Kutteln mit Senf bestreichen, mit Weckmehl bestreuen und dann in heißer Butter braten.

Das sind Anregungen für neue Kompositionen, die Ihre Phantasie beflügeln sollen. Traditionell aber sind in ländlichen Gaststätten, auf Viehmärkten, Weihnachtsbasaren oder beim Uracher Schäferlauf die sauren Kutteln, die man mit Bratkartoffeln oder Bauernbrot serviert. So zubereitet zählen sie neben Maultaschen, Bietigheimer Laubfröschen und Kalbskopfsalat auch zu den Leibgerichten des Ministerpräsidenten Lothar Späth, vor allem, wenn noch ein Viertele trockener Trollinger separat dazukommt.

Hat der Metzger die Kutteln nicht schon vorgekocht, kann man dies auch selbst tun. Beim Einkauf sollten Sie darauf achten, daß die Stücke schön fleischig sind. Sie müssen gut gereinigt, gewässert und dann in Salzwasser 30 Minuten gekocht werden. Das Wasser abgießen, Kutteln mit kaltem Wasser übergießen und in frischem Salzwasser, dem Suppengemüse zugesetzt wird, so lange kochen, bis man sie mit dem Finger etwas eindrücken kann, aber noch einen Widerstand spürt. Das kann durchaus 3–4 Stunden dauern. Während dieser Zeit immer wieder frisches Wasser zugießen. Kutteln abkühlen lassen, in fingerlange Stücke schneiden und wie im Rezept beschrieben weiterverarbeiten.

200 g Weißbrot vom Tag zuvor
knapp 1/4 l Milch
1 kg Spinat
Salzwasser
100 g gekochter Schinken
50 g Butter oder Margarine
2–3 EL kleingehackte Zwiebel
3 Eier
Kräutersalz
weißer Pfeffer
frisch geriebene Muskatnuß
Weckmehl

3 Tomaten zum Garnieren

Rinde vom Weißbrot entfernen, Brot in Scheiben schneiden, mit Milch befeuchten und durchziehen lassen. Den Spinat waschen, in reichlich Salzwasser kurz aufkochen (aufwallen) lassen, Wasser abgießen und Spinat kleinhacken. Den Schinken in kleine Würfel oder dünne Streifen schneiden.

Fett erhitzen, Zwiebelstückchen andünsten, ausgedrücktes, zerzupftes Weißbrot zugeben, unter Wenden trocken werden lassen. Spinat, Schinken, Eigelb und Gewürze zufügen und gut vermischen. Eiweiß steif schlagen, unterheben.

Eine Puddingform gut fetten, mit etwas Weckmehl ausstreuen, Spinatmasse einfüllen, gut verschließen und den Pudding im Wasserbad etwa 80 Minuten garen. Dann abkühlen lassen, Form öffnen, Rand mit einem Messer lösen und den Pudding auf eine vorgewärmte Platte stürzen. Mit gewaschenen, gut abgetrockneten Tomaten garnieren, in Scheiben geschnittenen Tomaten garnieren. Dazu Flädle und Tomatensauce reichen.

Hohenloher Spinatpudding

Das Hohenloher Land ist ein fruchtbares Gebiet, das erst seit 150 Jahren zu Württemberg gehört. Es ist ein Land mit reicher Kultur, ein Land, wo guter Wein wächst und viel Gemüse angebaut wird, das in der bekannt guten Küche Hohenlohes variantenreich zubereitet wird. Spinat mit seinen hohen Anteil an Mineralstoffen und Vitaminen ist ein gern verwendetes Gemüse in der schwäbischen und hohenlohischen Küche.

Diesen Pudding könnte man mit etwas Toleranz zu den fleischlosen Gerichten und damit zu den Fastenspeisen zählen. Dies würde wohl von der Geistlichkeit beider Konfessionen anerkannt, zumal der Pudding, ganz ähnlich wie die Maultaschen, den Schinken, also das Fleisch, gut verbirgt. Vielleicht hätte bei diesem original und schmackhaften Rezept auch Abraham a Santa Clara, der streitbare Prediger aus Kreenheinstetten im oberen Donautal, mitgemacht, der sonst gegen jede religiöse Verfehlung wetterte. Doch wie dem auch sei – wichtig ist, daß *ebbes Rechts uff dr Tisch kommt.*

»Duftend steht der wohlgeformte Pudding mit der roten Sauce da.« Treffende Worte zu unserer hohenlohischen Schöpfung, wie sie ganz ähnlich einmal Wilhelm Busch gesagt hat.

1 fleischiges Huhn
Saft 1/2 Zitrone
Salz
1 Zwiebel
50 g Butter oder Margarine
1 1/2 l Wasser
500 g gelbe Rüben
2 Lauchstangen
250 g frische, enthülste Erbsen
50 g Suppennudeln
50 g Champignons
Salz
Pfeffer (Mühle)
2 EL kleingehackte Petersilie

Das Huhn, wenn noch nicht vorbereitet, ausnehmen, waschen, abtrocknen, in 6 Teile zerlegen und mit Zitronensaft und Salz einreiben. Zwiebel in feine Ringe schneiden und mit den Geflügelteilen in der heißen Butter hell bräunen. Wasser zugießen und etwa 30 Minuten kochen. Gelbe Rüben putzen, Lauch in feine Ringe schneiden und mit den Erbsen zum Huhn geben. Weitere 20 Minuten kochen. Hühnerteile herausnehmen, Fleisch von den Knochen lösen, in kleine Stücke schneiden und in die Brühe zurückgeben. Wenn notwendig, noch etwas Wasser zufügen. Suppennudeln in kleinere Stücke brechen, zufügen und garen. Champignons putzen, waschen, halbieren und 5 Minuten mitkochen lassen.
Den Eintopf würzig mit Salz und Pfeffer abschmecken und, mit Petersilie bestreut, in einer Terrine anrichten.

Hühnerterrine

Es ist verlockend, immer wieder neue Varianten zur Zubereitung von Geflügel zu finden. Die hier beschriebene ist besonders angenehm, da bei Tisch niemand dem Vogel mit Messer und Gabel oder gar den Händen zu Leibe rücken muß.

Bereits in vorchristlicher Zeit begann man Hühnervögel zu zähmen. Vor etwa 800 Jahren benutzte man zur Vorratshaltung Fleischtöpfe aus Ton. Sicher dienten sie auch zur Aufbewahrung von Hühnergerichten. Die Franzosen jedenfalls entdeckten schon früh ihre Liebe zum Federvieh. Am Hofe Heinrichs IV. von Frankreich (1553–1610) waren Hühnerterrinen sehr beliebt. Die deutschen Nachbarn folgten mit einigem zeitlichen Abstand.

So stellt sich unser Gericht vornehm als Hühnerterrine vor, weniger klangvoll könnte man auch Schüsselgericht mit Huhn sagen. Auf jeden Fall verbirgt sich dahinter ein leckeres Eintopfgericht und mit seinem Gemüseanteil eine gesundheitsspendende Gabe aus dem Füllhorn der Mutter Natur. Zusammen mit dem

eiweißreichen und leichtverdaulichen Geflügelfleisch werden daher sowohl die Schlankheitsbewußten als auch die Feinschmecker angesprochen.

750 g Wildfleisch ohne Knochen
(Reh, Hirsch, Hase)
75 g Speck
1 Lauchstange
1 Karotte
2 Zwiebeln
250 g Steinpilze
1/4 l Rotwein
1 Lorbeerblatt
Salz
Pfeffer
1/4 l Sahne

Fleisch abtupfen, in gulaschgroße Würfel und Speck in kleine Würfel schneiden. Lauch und Karotte putzen, waschen und mit den Zwiebeln in sehr kleine Stücke schneiden. Steinpilze gut waschen und kleinschneiden. Speckwürfel leicht ausbraten, Fleischstücke, Lauch-, Karotten- und Zwiebelstückchen dazugeben und unter Rühren anbraten. Steinpilze zufügen und alles kurz dünsten. Rotwein zugießen und die Fleischmasse mit Lorbeerblatt, etwas Salz und Pfeffer in etwa 60 Minuten bei geringer Hitze gar schmoren. 15 Minuten vor Ende der Garzeit die Sahne zugießen. Dann das Gericht würzig abschmecken. Dazu Weckknödel, Knöpfle oder Spätzle und Salat servieren.

Jägerschmaus

Es treibt in die Ferne mich mächtig hinaus...«, heißt es in Justinus Kerners Wanderlied. Erlebnishunger, Abenteuerlust und das Sich-selbst-bestätigen-Wollen, aber auch Armut haben so manchen Schwaben bewogen, die Heimat zu verlassen. Vom Fernweh getrieben waren auch einst die Stauferkaiser Friedrich I. Barbarossa, Heinrich VI., Friedrich II. und dessen ungekrönter Enkel Konradin oder *Conradino*, wie die Italiener sagten, der sechzehnjährig in Neapel ein trauriges Ende fand. Schiller, Hölderlin und Hermann Hesse haben Fernweh und Heimweh besungen. Selbst Kolumbus schiebt man einen Schwabenmannschaft gegeben haben soll. *Des- mol wollet mer's no glaube, aber's nächschtmol nemme!*

Wer heimwehkrank nach Mutters Kost ist, sehnt sich heute nicht nur nach sauren Nieren, Flädle und Kartoffelsalat oder Dampfnudeln, nein, man schließt dabei auch durchaus ein würziges Wildgulasch mit frischen Waldpilzen ein.

Es gab einmal Zeiten, in denen im Schwabenländle Pilze rundweg als giftig erklärt wurden. Wer aber arm und mittellos war, dem blieb oft gar nichts anderes übrig, als sich zur Suche nach Pilzen aufzumachen. Das Fleisch des Wildbrets ist kalorienarm. Kaufen Sie qualitätsbewußt ein und fragen Sie nach frischem, gut abgehangenem Wildbret, das nicht tiefgefroren war. Aufgetautes Wildbret kann nicht wieder eingefroren werden. Damit muß sich auch der sparsame Schwabe, der doch jeden Rest noch einmal aufbewahrt wissen will, abfinden.

Kaffeeküchle mit Brombeerschaum

Der Drang zum Süßen steckt zutiefst in uns allen, sagen die Psychologen. Dem widerspricht man im Schwabenland nicht und versüßt sich die Kaffeestunden gerne einmal mit Kaffeeküchle.

Die Basis für Kaffeeküchle ist ein Brandteig, der gebacken zwar nicht ganz so süß wie die Liebe, innen aber so zart wie ein Kuß ist. Außen muß er rösch, also knusprig sein, was im Ländle doch sehr geschätzt wird. Die Franzosen sprechen von *Pâte à choux*, Windbeutelteig. Auch *Eclairs* und Spritzkuchen werden aus Brandteig hergestellt. Seinen Namen hat er wohl davon bekommen, weil zuerst Wasser, Fett und Mehl zu einer dicken Masse gekocht, das heißt »abgebrannt«, und erst dann die Eier nacheinander daruntergerührt werden. Brombeeren, die wir zur Füllung unserer Kaffeeküchle benötigen, hat es wie die Himbeeren seit Urzeiten wild gegeben. Früher war es die Regel, daß man mit Eimern und Körben bewaffnet in den Wald ging, um die Beeren zu sammeln.

Die Füllung schmeckt übrigens auch mit Himbeeren, Erdbeeren oder mit Aprikosenstücken sehr gut. Fröhliche Kaffeestunde!

Für die Kaffeeküchle:
1/4 l Wasser
50 g Butter
1 Prise Salz
150 g Mehl
3–4 Eier

Für den Brombeerschaum:
250 g reife Brombeeren
50 g Zucker
2 EL Grand Marnier
1/8 l steifgeschlagene süße Sahne

Puderzucker zum Bestreuen

Wasser mit Butter und Salz zum Kochen bringen. Topf von der Herdplatte nehmen, Mehl auf einmal dazugeben und so lange rühren, bis der Teig ganz glatt ist. Bei mittlerer Hitze dann weiterrühren, bis sich alles als Kloß vom Boden des Topfes löst. Teig in eine Schüssel geben. Nach und nach Eier unterrühren.

Mit dem Spritzbeutel oder mit zwei Löffeln 12 gleich große Häufchen auf ein gefettetes, leicht bemehltes Backblech setzen. Die Küchle im vorgeheizten Backofen (Elektroherd 225° C, Gasherd Stufe 4) etwa 30 Minuten backen. Sie sollten leicht gebräunt sein.

Für den Brombeerschaum die Beeren entstielen, zerstampfen, in einen Topf geben und mit Zucker dick einkochen. Durch ein Haarsieb streichen, mit Grand Marnier aromatisieren und erkalten lassen. Unter die Schlagsahne mischen.

Kaffeeküchle sofort nach dem Backen aufschneiden, auskühlen lassen, mit Brombeerschaum füllen und mit Puderzucker bestreuen.

1 Kalbsbries
Salzwasser
Wurzelgemüse
2 Zwiebeln
1 Lorbeerblatt
etwas Mehl
80 g Butter
Salz, Pfeffer
2 Schweinenieren
4 Spitzmorcheln
1/2 TL Thymian oder Majoran
30 g Mehl
1/8 l Riesling
1/8 l Sahne
Senf

Kalbsbries gut waschen, dann etwa 20 Minuten wässern. In Salzwasser mit dem vorbereiteten Wurzelgemüse, 1 geteilten Zwiebel und dem Lorbeerblatt 5 Minuten kochen lassen, herausnehmen und die Häutchen und Äderchen entfernen. Das Bries in Scheiben schneiden. Diese mit wenig Mehl bestäuben, die Hälfte der Butter erhitzen und die Briesscheiben leicht anbraten. Mit Salz und Pfeffer würzen. Warm stellen.

Nieren waschen, der Länge nach teilen, Sehnen und Fettreste entfernen, in dünne Scheiben schneiden. 1 Zwiebel fein hacken, mit Nierenscheiben und Morcheln in der restlichen heißen Butter etwa 4 Minuten kräftig anbraten. Thymian oder Majoran darüber streuen, aus der Pfanne nehmen, warm stellen.

30 g Mehl zu dem Bratenfond geben, anbräunen, Weißwein und Sahne dazugießen, durchkochen, mit Senf, Salz und Pfeffer abschmecken. Nieren nur noch kurz darin erhitzen, aber nicht mehr kochen lassen. Nieren in der Mitte einer tiefen Platte, mit den Briesscheiben umlegt, anrichten. Mit Gemüsenudeln (gegarte Nudeln mit zwei gedünsteten, in Stifte geschnittenen gelben Rüben, gedünsteten, feingeschnittenen Lauchringen und feingewiegter Petersilie vermischt) servieren.

Kalbsbries und Nierle mit Morcheln in Senfsauce

Der Ober kennt seine Pappenheimer, er weiß genau, was er den beiden Herren anbieten kann: »*Darf's heut amol a Briesle sei, s's'isch ebbes Bsonders, zsamme mit Nierle in 're würzige Soß*«, empfiehlt er daher zwei Urschwaben, die sich in einem Lokal mit guter Speisekarte nicht entscheiden können. Nun soll es auch bei den Schwaben vorkommen, daß man nicht so genau weiß, was ein Briesle eigentlich ist. Ein Kalbsbries ist die fast fettlose Thymusdrüse des Kalbes, die keine Kohlenhydrate, dafür aber sehr viel Eiweiß enthält. Der Geschmack ist fein und unaufdringlich. Eine entscheidende Rolle spielt bei unserem Gericht daher die Sauce, die würzig mit Senf abgeschmeckt wird. Schon für die alten Ägypter, Griechen und Römer war Senf eine kostbare Würze. Ein Rezept, wie Senf hergestellt wird, ist uns durch Columella (1. Jahrhundert n. Chr.) überliefert. Bei Papst Johannes XXII., der im 14. Jahrhundert lebte, nahm Senf eine Spitzenstellung ein. Die verschiedenen Geschmacksrichtungen bedeuteten dem Papst so viel, daß er

seinen Neffen extra zum *Grand Moutardier du Pape* ernannte, was soviel wie Päpstlicher Senfmeister hieß. Die Franzosen, in Feinschmeckerfragen schon immer tonangebend, würzten schon im Mittelalter souverän mit Senf. Die Stadt Dijon hatte bereits im 13. Jahrhundert das Senfmonopol. Nach heute ist Dijonsenf ein Begriff für Qualität.

Um die Mitte des letzten Jahrhunderts meinte Jacob Moleschott in seiner *Lehre der Nahrungsmittel*, daß Senf einen klaren Kopf mache. Er verhindere den Schlaganfall, wenn jeden Morgen nüchtern zwei Senfkörner eingenommen würden. Welche Perspektiven!

Neben den Geschmackstypen mittelscharf, extra scharf und süß werden immer wieder neue Senfspezialitäten angeboten. Seien Sie einfach auch einmal ihr eigener Senfmeister. Kombinieren Sie mit Kräutern und Gewürzen. Ohne viel Mühe entstehen dann prächtige kulinarische Überraschungen.

Karamelcreme auf rotem Johannisbeermark und Vanilleis

Für die Creme:
3 Eigelb
100 g Zucker
100 g Puderzucker
4 EL Wasser
1/2 l Milch
8 Blatt weiße Gelatine

Für das Johannisbeermark:
250 g rote Johannisbeeren
150 g Puderzucker
3 EL hellgeröstete Mandelblättchen

4 Kugeln Vanilleeis

Eigelb mit 100 g Zucker schaumig rühren. Puderzucker unter Rühren erhitzen, bis er hellbraun ist, dann mit Wasser ablöschen. Milch kurz aufkochen lassen, zu dem Eigelbschaum gießen und mit der Karamelmasse unter Rühren erhitzen, aber nicht mehr kochen lassen. Dann ebenfalls unter ständigem Rühren abkühlen lassen. Gelatine einweichen, ausdrücken, im Wasserbad auflösen und in die Creme rühren. Diese in kalt ausgespülte Vorspeisenförmchen füllen und im Kühlschrank fest werden lassen.
Für das Johannisbeermark die Johannisbeeren waschen, entstielen, im Mixer pürieren, süßen und um die auf Dessertteller gestürzte Karamelcreme verteilen. Johannisbeermark mit den Mandelblättchen garnieren. Mit je einer Kugel Vanilleeis auf den Tellern servieren.

Ein leichtes Dessert ist diese duftige Creme mit einer duftige Beilage aus frischem Johannisbeermark und Vanilleeis.
Eine Karamelcreme ohne Milch ist nicht denkbar, auch im Eis ist meistens Milch enthalten. Edison sagte, sie sei »die einzige ausgeglichene Nahrung, vom großen Chemiker zugewogen, der über uns ist«. Milch enthält außer dem biologisch wichtigen Eiweiß die Vitamine A, B_1, B_2, C und hat einen ausgewogenen Kalzium- und Phosphorgehalt. Wir finden sie schon in der Steinzeit, bei Sumerern, Ägyptern, Indern, Griechen und Römern. Milch stand damals hoch im Kurs. Bei den Römern mußten manche Strafen mit Milch bezahlt werden. Sie war auch ein begehrtes Schönheitsmittel: Poppäa Sabina, die Gemahlin Neros, badete täglich in Eselsmilch.
Die Bedeutung der Milch hat auch in Literatur und Dichtung ihren Niederschlag gefunden. Palästina ist »das gelobte Land, wo Milch und Honig fließen«, in Shakespeares *Macbeth* gibt es eine »Milch der Menschenliebe«. In dem reizenden oberschwäbischen Tanzliedchen *Rosenstock, Holderblüh* heißt es »Gsichterl wie Milch und Blut«.
Unsere Karamelcreme ist ein raffiniert auf Johannisbeermark angerichtetes Dessert, mit dem Sie ganz bestimmt Begeisterung hervorrufen werden.

Für den Kirschenmichel:
6 Milchbrötchen
1/2 l Milch, 4 Eier
75 g Butter oder Margarine
80 g Zucker, 1 TL Zimt
100 g gemahlene Haselnüsse
750 g dunkle Kirschen, entsteint
Butterflöckchen
Puderzucker

Für die Rotweinsauce:
1 EL Speisestärke
1/2 l Rotwein
3 EL Zucker
1 Stückchen Zimt
Scheibe einer unbehandelten Zitrone

Brötchen in dünne Scheiben schneiden, in eine Schüssel geben, mit der Milch übergießen und durchziehen lassen. Die Brötchenmasse ab und zu umrühren. Eier teilen. Eigelb, Butter und Zucker schaumig rühren. Zimt, Haselnüsse, Brötchenmasse und Kirschen daruntermischen. Eiweiß steif schlagen und unterheben. Kirschenmichel in eine gefettete Auflaufform füllen, Butterflöckchen aufsetzen und im vorgeheizten Backofen (Elektroherd 200° C, Gasherd Stufe 3) etwa 40 Minuten backen. Mit Puderzucker bestäuben.

Für die Rotweinsauce Speisestärke in den Rotwein einrühren, Zucker, Zimtstückchen und Zitronenscheibe dazugeben und unter Rühren einmal aufkochen lassen. Zimtstückchen und Zitronenscheibe entfernen. Kirschenmichel heiß mit der Sauce auf den Tisch bringen.

Abwandlung: 10 Minuten vor Ende der Backzeit können über den Kirschenmichel noch Mandelblättchen oder Mandelstifte verteilt werden. Anstatt der Rotweinsauce kann man den Auflauf auch mit leicht flüssiger Sahne genießen.

Kirschenmichel mit Rotweinsauce

Die Kirschen aus Nachbars Garten, sie sind ja so süß und so rot und verführen zum Naschen, doch die Kerne haben sie auch. Es ist möglich, daß die Redensart, »Mit dem ist nicht gut Kirschen essen«, daher stammt.

Die Schwaben lieben ihre Mehlspeisen. Stolz wird der verführerisch duftende Kirschenmichel präsentiert. Die luftige Brötchenmasse und die saftigen Kirschen zerschmelzen buchstäblich auf der Zunge.

Lukullus, der römische Feldherr, hörte glücklicherweise ebenfalls zu den von der Kirsche Verführten. Was hätten wir nur gemacht, hätte er sie nicht nach Rom gebracht. Die Süßkirsche, wohlgemerkt. Denn schon in der Bronzezeit verspeisten die Pfahlbaubewohner in der Schweiz saftige Sauerkirschen.

Zu Beginn der christlichen Zeitrechnung waren die Früchte der Kirschbäume in der Hafenstadt Cerasos am Schwarzen Meer so berühmt, daß Lukullus, der ein größerer Feinschmecker als Feldherr war, sie unbedingt seinen Landsleuten nach Rom mitbringen mußte. Das war im Jahre

74 v. Chr. Die Früchte erhielten den Namen der Stadt Cerasos, woraus sich das deutsche Wort Kirsche ableitete.

Die Römer bauten die besonders guten und süße Schwarzmeersorte in ihren Gärten an, und die Süßkirsche hatte bald darauf Europa erobert. Durch Züchtung entstanden dann die großen, saftigen Herzkirschen, die kleinen Knorpel- und Glaskirschen sowie die dunkelroten Sauerkirschen.

Kirschen enthalten kaum Natrium, dafür aber Kalium, Phosphor sowie Eisen und wirken anregend auf Herz, Leber und Nieren.

Für den Mürbteig:
200 g Mehl, 120 g Butter
60 g Zucker, 2 EL saure Sahne, 1 Ei

Für den Belag:
500 g Sahnequark
100 g Zucker
50 g gemahlene Haselnüsse
3 EL Zitronensaft
1/4 l Sahne
1 Päckchen Vanillinzucker
4 Blatt weiße Gelatine
500 g entsteinte dunkle Kirschen
3 EL Kirschwasser
1/8 l Eierlikör
4 EL geröstete Mandelblättchen

Für den Mürbteig Mehl, zerkleinerte Butter, Zucker, saure Sahne und das Ei auf ein Backbrett geben und alles gut verkneten. Kalt stellen. Nach etwa 30 Minuten Teig auf einer bemehlten Unterlage ausrollen und eine gefettete Springform damit auslegen. Einen Rand hochziehen und fest andrükken. Teigboden ohne Belag im vorgeheizten Backofen (Elektroherd 200° C, Gasherd Stufe 3) etwa 20 Minuten backen.

Für den Belag Sahnequark mit 50 g Zucker, den Haselnüssen und dem Zitronensaft vermischen. Sahne mit Vanillinzucker steif schlagen, die Hälfte davon unter die Quarkmasse heben und den Rest zum Garnieren zurückbehalten. Quarkcreme auf den erkalteten Kuchenboden streichen. Gelatine einweichen, ausdrücken und über Dampf auflösen. Entsteinte Kirschen im Mixer pürieren, mit dem restlichen Zucker süßen und mit dem Kirschwasser aromatisieren. Gelatine unterrühren, Kirschpüree im Kühlschrank etwas fest werden lassen, dann auf der Quarkcreme verteilen. Torte kühl stellen. Sobald das Kirschpüree ganz steif ist, Torte mit Mandelblättchen und der restlichen Schlagsahne garnieren.

Kirschtorte

*D*er Anblick, den eine Torte dem Auge bietet, ist ein wichtiger Aspekt in der Kunst des Backens. Früher wurde darauf vielleicht noch mehr geachtet als heute, vielleicht deshalb, weil man mehr Zeit hatte für kunstvolle und aufwendige Verzierungen. Allerdings mußten die einstmals schweren und kalorienreichen Tortenschöpfungen zunehmend den leichteren Kreationen mit Obst aller Art und Quark weichen.

Es geht nichts über eine nachmittägliche Kaffeestunde mit einer selbstgebackenen Obsttorte. Sie vermittelt eine gemütliche Atmosphäre, die wir so wohltuend empfinden und zur Entspannung auch brauchen. Heute sind es die dunkelroten süßen Kirschen, die sich mit Quark, Haselnüssen, Sahne und Eierlikör zu einer unwiderstehlichen Komposition zusammenfinden.

Quark, der ganz einfach aus saurer, geronnener Milch entsteht, gibt es schon so lange, wie es Menschen gibt, die Milchtiere auf die Weide treiben. Der Berliner Dichter Georg Rollenhagen (1542–1609) stellte in seinem Tierepos *Froschmeuseler* fest, daß »bei der Milch, bei Kes und Quark die Hirten bleiben gesund und stark.«

Tatsache ist, daß der Quark seit Jahrtausenden unter den Nomadenstämmen des Orients und auch bei den Völkern Süd- und Ostasiens hochgeschätzt wird. Und forschen wir weiter zurück in der Vergangenheit, so zeigen uns prähistorische Funde in Form von siebartigen Geräten, daß damals schon auf primitive Art und Weise quarkähnliche Speisen hergestellt wurden.

Was uns moderne Menschen betrifft, haben wir erkannt, wie herrlich beispielsweise Torten und Kuchen mit Quark schmecken. Mit dieser Kirschtorte jedenfalls wird es wieder bewiesen. Ein Genuß ohne Reue!

500 g Himbeeren, frisch oder tiefgekühlt
60 g Zucker
3 EL Himbeergeist
1/8 l Sahne
3–4 Kiwis
1 Päckchen Vanillinzucker
4 Kugeln Vanilleeis

Frische Himbeeren vorbereiten, tiefgekühlte auftauen lassen. Einige Beeren zum Garnieren zurücklegen. Früchte mit dem Schneidstab des Handrührgeräts pürieren, dann durch ein Sieb streichen. Mit Zucker süßen und mit Himbeergeist aromatisieren. Auf 4 Glasteller verteilen.

Kiwis dünn schälen, in Scheiben schneiden, kranzförmig auf das Püree legen. Sahne mit Vanillinzucker steif schlagen, nach Belieben noch einige Tropfen Himbeergeist zufügen und in einen Spritzbeutel mit Sterntülle füllen. Je eine Kugel Vanilleeis in die Mitte der Teller setzen. Kiwischeiben mit einem Tupfen Schlagsahne und den zurückbehaltenen Himbeeren garnieren.

Kiwis in Himbeerpüree

Ein Menü ohne Dessert ist wie eine Lady ohne Hut«, sagte R. G. Burns, ein bekannter englischer Feinschmecker um die Jahrhundertwende. Der Hut hat in der Mode etwas an Bedeutung verloren, nicht aber das Dessert als krönender Abschluß einer Mahlzeit. Augen und Gaumen sollen noch einmal mit einer attraktiven Nachspeise angeregt werden.

Die Idee, eine Mahlzeit mit einem süßen Gang abzuschließen, ist noch relativ jung. Zucker war lange Zeit sehr teuer. Kein Wunder, daß eine Süßspeise jahrhundertelang ein Privileg der Reichen war. Voluminöse Gebilde demonstrierten den Wohlstand. Der Pomp von damals wird heute nicht mehr geschätzt. Ein neuer Trend bei den Desserts ist festzustellen.

Neider sagen den tüchtigen Schwaben nach, sie verstünden nicht zu leben und zu genießen, sie hätten keine Zeit dazu. Und ob sie Zeit dazu haben! Ihre Lebenskunst besteht nicht nur darin, sich an einem guten Tropfen oder an einem herzhaften Schwartenmagen zu erfreuen, son-

dern auch ein leichtes Dessert, besonders nach einem schweren Essen, zu genießen.

Vor einigen Jahrzehnten kannte noch niemand die eiergroße, dunkelgrüne, haarige und sehr wohlschmeckende Kiwifrucht. Wer von Kiwi sprach, dachte allenfalls an einen nicht gerade hübsch aussehenden exotischen Vogel, der nicht fliegen konnte. Er ist das Wahrzeichen Neuseelands, und die Frucht hat seinen Namen übernommen. Kiwifrüchte kommen ursprünglich aus China und werden wie Weinstöcke hochgezogen. Heute haben sie ihre Stammplätze in Neuseeland, in Kalifornien und Südafrika. Geschmacklich erinnern sie an eine Mischung aus Stachelbeeren und Bananen. Sie schmecken aromatisch und erfrischend.

Reife Kiwis können einige Tage im Kühlschrank aufbewahrt werden. Geschälte, in Scheiben geschnittene Kiwis eignen sich hervorragend als Dekoration für Torten, Eisbecher und Fruchtschalen. Unsere rot-grüne Symphonie zusammen mit Vanilleeis ist eine kleine Köstlichkeit.

Für den Nudelteig:
3 Eier, 1 Prise Salz
300 g Mehl

Für die Füllung:
1 kleingehackte Zwiebel
50 g Schweineschmalz
750 g Sauerkraut
1/4 l Brühe oder Weißwein
3 EL Apfelwürfel
4–5 Wacholderbeeren
50 g durchwachsener Speck gewürfelt
50 g Schinkenwurstwürfel
1–2 EL Speiseöl, Salzwasser
2–3 EL hellgeröstete Semmelbrösel
oder Zwiebelstückchen

Eier mit Salz verquirlen, Mehl dazugeben und einen festen Nudelteig kneten. Eine Stunde beiseite stellen und dann dünn zu zwei oder drei Teigplatten ausrollen. Für die Füllung Zwiebelstückchen in dem heißen Schmalz hell dünsten. Gelockertes Sauerkraut, Brühe oder Weißwein, Apfel- und Speckwürfel sowie Wacholderbeeren dazugeben und bei geringer Hitze etwa 30 Minuten dünsten. Wacholderbeeren entfernen.

Das gut abgekühlte Sauerkraut und die Schinkenwurstwürfel auf die Teigplatten verteilen, diese zusammenrollen und in 4–5 cm große Stücke schneiden. Das Öl in einem größeren Bratentopf erhitzen, Kraut-krapfen dazugeben, eng nebeneinander setzen und so viel Salzwasser zugießen, daß sie etwa bis zur Hälfte bedeckt sind. Die Krapfen zugedeckt 30–35 Minuten schmoren lassen. Das Wasser sollte dann weitgehend eingekocht sein. Semmelbrösel oder Zwiebelstückchen über die auf einer Platte angerichteten Kraut-krapfen verteilen.

Krautkrapfen

Wie hoch das Sauer-kraut bei den Schwaben im Kurs steht, ist schon an anderer Stelle gesagt worden. Kraut-krapfen, auch Krautnudeln genannt, sind eine überlieferte Spezialität, auf die man heute noch sehr stolz ist. Daß sie Liebhaber fanden, ist leicht zu erklären, wenn man bedenkt, daß im Ländle immer viel Ackerbau betrieben wurde. Mehl, Kartoffeln, Kraut und Gemüse gab es stets aus-reichend.

Die Krautkrapfen sind mit ihrer Fülle so verführerisch gut, daß in den sel-tensten Fällen etwas übrigbleibt. So war es auch vor langer Zeit bei Tante Emilie, deren Krautkrapfen im Ver-wandtenkreis berühmt waren. Man wollte unbedingt das Rezept haben, aber Tante Emilie verriet es um kei-nen Preis. Sie schwieg eisern. Nicht einmal die Lieblingsnichte kam hin-ter das Geheimnis. Sie war oft bei Tante Emilie in der Küche, um mög-lichst viel von ihrer Kochkunst zu profitieren.

Als die Tante eines Tages im Sterben lag, war guter Rat teuer. Wie sollte man jetzt noch das Rezept erfahren,

um sich seligen Gedenkens weiter an den Krautkrapfen zu erfreuen? Schließlich glaubte man, daß doch die Lieblingsnichte es als Vermächt-nis von der Tante bekommen würde und schickte sie an deren Sterbebett. Die letzten Worte von Tante Emilie waren lediglich gewesen: *»Hätt' i mehr gmacht, na wär die Platt' net leer gwesa!«*

Unser Rezept stammt also auch nicht von Tante Emilie, aber wer weiß – vielleicht hätte es sogar die schweig-same Dame durch seinen Wohlge-schmack beeindruckt.

Für die Lammbrust:
750 g Lammfleisch (Brust, vom Fleischer zum Füllen vorbereitet)
Salz, Pfeffer
150 g Roquefortkäse, 2 EL Semmelbrösel
1 EL gehackte Kräuter, 1 Eiweiß
1 Zwiebel, 1 gelbe Rübe, 1 Tomate
1/2 Sellerieknolle, 40 g Fett zum Braten
1/4 l Fleischbrühe, 1/8 l Rotwein
30 g gutgekühlte Butter

Für das Tomatenragout:
8 Fleischtomaten, 2 Zwiebeln, 3 EL Öl
1 TL Kräutersalz, geriebene Muskatnuß
1 Eigelb, 4 EL Sahne, Pfeffer (Mühle)
2 EL feingewiegte Petersilie

Lammfleisch nicht waschen, sondern nur mit Küchenkrepp abreiben. Salzen und pfeffern. Roquefort mit einer Gabel zerdrücken und mit Semmelbröseln, den gehackten Kräutern und dem Eiweiß vermengen. Die Brust damit füllen und zunähen. Zwiebel, gelbe Rübe, Tomate und Sellerieknolle vorbereiten.
Fleisch im heißen Fett von allen Seiten gut anbraten, kleingeschnittenes Gemüse zugeben, mit Fleischbrühe ablöschen und unter mehrfachem Begießen etwa 80 Minuten braten. Zuletzt Rotwein zugießen, etwas einkochen lassen.
Die Sauce durchsieben, mit Pfeffer würzen, kalte Butterflöckchen dazugeben. Sauce gesondert zur Lammbrust reichen. Diese aufgeschnitten auf dem Tomatenragout anrichten.

Für das Tomatenragout die Tomaten mit kochendheißem Wasser überbrühen, Haut abziehen, Stengelansätze herausschneiden, Gemüse vierteln. Zwiebeln fein wiegen, im heißen Öl glasig dünsten. Tomatenviertel dazugeben und etwa 10 Minuten bei geringer Hitze schmoren. Mit Salz und Muskat würzen. Eigelb mit Sahne verquirlen, das Ragout damit verfeinern, zuletzt noch mit wenig Pfeffer abschmecken. Petersilie darüber streuen. Mit Butternudeln servieren.

Lammbrust mit Roquefort auf Tomatenragout

Die Familie sitzt beim Mittagessen. Eben schwirrten noch die Stimmen der Kinder durcheinander, jetzt ist es auf einmal mucksmäuschenstill. Mutters Braten ist schuld daran, er ist so gut geraten. In die Stille hinein sagt der Vater: *»Errschtle, kloine Buabe dürfet net so viel Fleisch esse, des isch net gsond.'s Gmüts isch viel besser!«* Darauf der kleine Kerl: *»Babbe, no iß doch du 's Bessere!«* So kann's also auch gehen. Lammfleisch ist gesund. Ob das auch Karl der Große wußte, der über unzählige Schafherden in seinem Reich verfügte? Der Dichter Johann Jakob von Grimmelshausen (1622–1676) sah eines Tages während des Dreißigjährigen Krieges in einem Kloster bei Soest in Westfalen einen mit Knoblauch gespickten Hammelbraten. Dessen Duft bezauberte ihn so sehr, daß er all sein ausgestandenes Leid vergaß und Leib und Seele daran erquickte.
Der spätrömische Geschichtsschreiber Columella fand das Fleisch der gallischen Schafe vorzüglich. Die irisch-schottischen Mönche widmeten sich verbissen der Schafzucht, weil sie glaubten, damit das »heidnische« Schwein auszurotten. Ohne Erfolg! »Das Schaf ist der Patriarch des Viehstalles, der Hammel ist der Ahnherr der Küche. Sein Fleisch ist das saftigste Schlachtfleisch. Es ist gesund, kräftig im Geschmack, verdaulich und leicht aphrodisisch, nur wenige Menschen können es nicht vertragen und sind nicht vom Geschmack beglückt.« So äußerte sich der Franzose Albert Dumonteil in der gastronomischen Zeitschrift *L'Art Culinaire.*
Hammel- und Lammfleisch wird in vielen Ländern von den Menschen geschätzt. Machen Sie es wie die Köche in Frankreich, unter deren Händen aus einem Lammgericht ein Lammgedicht wird! Überraschen Sie die Familie einmal mit dieser mit Roquefort gefüllten Lammbrust. Achten Sie darauf, daß das Fleisch hell wie Kalbfleisch ist. Je weißer und kerniger das Fleisch, desto besser.

750 g Lauch
1 Zwiebel
40 g Butter oder Margarine
1/8 l trockener Weißwein
1/4 l Sahne
100 g Mehl
4 Eier, Salz
1/8 l Milch
Backfett
8 Scheiben gekochter Schinken
1/4–3/8 l Sahne
50 g geriebener Käse
Butterflöckchen

Lauch vorbereiten und die hellen Teile in
dünne Ringe schneiden. Zwiebel fein wiegen, mit dem Lauch in das heiße Fett geben, andünsten, mit Wein ablöschen, bei
geringer Hitze verdunsten lassen. Sahne
zugießen und einkochen lassen.
Aus Mehl, Eiern, Salz und Milch einen
Flädleteig rühren und dünne Flädle ausbacken.
Auf jedes Flädle – eines übriglassen – eine
Scheibe Schinken geben, dann mit Lauch-
Zwiebel-Masse bestreichen. Flädle in einer
gefetteten Auflaufform übereinanderlegen,
mit dem letzten Flädle abdecken. Sahne darüber gießen, mit Käse bestreuen, mit Butterflöckchen belegen und im vorgeheizten
Backofen (Elektroherd 200° C, Gasherd
Stufe 3) überbacken.

Lauchflädlestorte

s ist noch gar nicht
so lange her, als ich
durch den in präch-
tigen Farben leuch-
tenden Schönbuch, einen reinen
Laubwald, nach Tübingen gefahren
bin. Zum Mittagessen wurde ich bei
Freunden erwartet. Ich war aufs
äußerste gespannt, mit welchen Ge-
nüssen man mir wohl aufwarten
würde, zumal ich wußte, daß in diesem Haus die Küchentradition groß
geschrieben wird.
Was dann aufgetragen wurde, war
diese Flädlestorte, die mich begeistert hat. Während das Essen von
munteren Worten begleitet wurde,
erfuhr ich, daß die Gastgeberin mit
diesem Gericht schon von so manchem, auch unerwarteten Besucher
viel Lob bekommen hat. Sind zum
Beispiel tiefgekühlte Flädle, Lauch
und Schinken vorhanden, geht die
Zubereitung rasch vonstatten.
Die besten Zutaten waren bei diesem
Gericht jedoch die Phantasie und
einiges Wissen über die Nährstoffe.
Lauch enthält wichtige Vitamine,
Mineralien und etwas pflanzliches
Eiweiß. Er hat einen beeindrucken-
den Stammbaum, der bis auf die

Sumerer und Ägypter zurückgeht.
Alexandre Dumas, der französische
Autor und Feinschmecker, konnte
sich allerdings mit den Stangen nicht
so recht anfreunden, denn damals
waren sie tatsächlich noch ziemlich
scharf im Geschmack und derb in
der Konsistenz. Durch beharrliche
Züchtungen ist inzwischen jedoch
ein vorzügliches, zartes Gemüse entstanden.
Unsere Flädlestorte mit Lauch kann
rundherum auch mit Ackersalat und
Schnittlauchröllchen garniert werden. Der Phantasie sind keine Grenzen gesetzt.

Für die Fleischbrühe:
500 g Suppenknochen
2 Markknochen
30 g Fett
Suppengemüse
1 Zwiebel
1 1/2 l Wasser
Salz

Für die Leberflädle:
80 g Mehl
1–2 Eier, knapp 1/8 l Milch
Kräutersalz, Pfeffer
100 g rohe Kalbs- oder Rinderleber
1 EL feingewiegte Petersilie
Backfett

Knochen gut waschen, das Mark auslösen und kleinschneiden. Knochen in heißem Fett anbraten. Suppengemüse und Zwiebel vorbereiten, zufügen und mitbräunen. Mit Wasser auffüllen, Salz dazugeben und Brühe bei geringer Hitze 1 Stunde kochen. Durchsieben, abschmecken und die Markstückchen zugeben.

Für die Leberflädle Mehl, Eier, Milch und Gewürze zu einem glatten Teig rühren. Leber waschen, trockentupfen, so fein wie möglich hacken, aber nicht pürieren. Zusammen mit der feingewiegten Petersilie unter den Teig mischen. Abschmecken. In heißem Fett 4 dünne Flädle ausbacken, erkalten lassen, in feine Streifen schneiden und auf Suppenteller verteilen. Die heiße Fleischbrühe darüber gießen.

Leberflädles-suppe

'Supp ond 's ander isch 's bescht!« heißt es gern bei den Schwaben, und wenn man der Geschichte glauben kann, ist die Suppe überhaupt das erste warme Gericht gewesen, das unsere Urur-ahnen produzierten. So spielt auch in der schwäbischen Küche die Suppe noch immer eine beträchtliche Rolle. Der Schwabe wird mit der Suppe groß. Ohne Supp isch 's Essa koi Essa, und nicht zu Unrecht wird er daher auch Suppenschwabe genannt.
»E gscheite Supp mit Auga druf ond ällerhand ihren drenna, dui schließt so reacht de Mage uf, bloß löffle muaß mr könne!«
Das sind Worte zum Suppeschwob von Heinz Eugen Schramm, die so ganz die Einstellung des Schwaben zu diesem Thema widerspiegeln.
E gscheite Supp beispielsweise ist eine gute Fleischbrühe, in der hauchdünn gebackene, in feine Streifen geschnittene Flädle schwimmen. Wenn unter den Flädlesteig noch feingehackte Leber gemischt wird, entsteht eine schwäbische Delikatesse.
Zur Abwechslung kann die Leber ersetzt werden durch kleingehackten Schinken oder ganz einfach durch eine Handvoll Küchenkräuter. Mit Ackersalat können diese delikaten Leberflädle auch einmal eine Vorspeise oder ein Zwischengericht sein. Flädle lassen sich, damit man sie immer schnell zur Hand hat, sehr gut einfrieren. Zwischen die einzelnen Flädle wird jeweils ein Pergamentpapier gelegt, alles zusammen in Alufolie verpackt und gut verschlossen eingefroren.

Linsensalat mit Butternudeln

Herzhafte Salate sind bei vielen Gelegenheiten willkommen, als Ergänzung eines Partybuffets. Es muß auch nicht immer ein Wurst- oder Krautsalat sein, der begeistert. Wie wär's einmal mit diesem Linsensalat? Auf der Schwäbischen Alb steht er des öfteren auf dem Tisch, schon deshalb, weil er etwas Habhaftes ist. Und herzhaft angemacht und gut durchgezogen sollte er auch sein. Schauen Sie sich einmal in einem Supermarkt das Regal an, in dem die Essigflaschen stehen, um zu sehen, was an Vielfalt angeboten wird. Rotweinessig zum Beispiel. Vielleicht reizt es Sie aber auch einmal, den Linsensalat mit Balsamessig anzumachen. Sie werden dann ein ganz neues Geschmacksgefühl entdecken.

250 g Linsen
etwa 2 l Brühe
1 getrocknete Chilischote
1 gelbe Rübe
1 Gewürzgurke
1 Zwiebel
1 rote Wurst
Salz
Pfeffer
1/2 TL Rosenpaprika oder Senf
4–5 EL Rotwein- oder Balsamessig
4 EL Öl
1 EL Paprikaschotenstreifen (Glas)

Linsen verlesen, waschen, in der Brühe mit der Chilischote 60 Minuten zugedeckt bei geringer Hitze garen. Gelbe Rübe schaben, stifteln oder in Scheiben schneiden und während der letzten 20 Minuten mitkochen. Linsengemüse auf einem Sieb abtropfen lassen. Gewürzgurke und Zwiebel klein-hacken. Haut von der roten Wurst abziehen und die Wurst in kleine Würfel schneiden. Alles zu den noch warmen Linsen geben. Aus Salz, Pfeffer, Rosenpaprika oder Senf, Essig und Öl eine würzige Marinade rühren, über die Linsen gießen, untermischen und durchziehen lassen. Zuletzt mit den abgetropften Paprikaschotenstreifen garnieren.

Linsensalat noch lauwarm zu in heißer Butter gewendeten, kurz angebratenen Nudeln servieren.

Linsentopf mit Schälripple

1 kg Schälripple
Salz
Pfeffer
1 Zwiebel
1 l Fleischbrühe
250-300 g Linsen
2 gelbe Rüben
2 Lauchstangen
Weinessig
1 kleingehackte Essiggurke

Die Schälripple in größere Stücke teilen, waschen, etwas salzen und pfeffern. Zwiebel in Ringe schneiden und mit den Schälripple in die kochende Fleischbrühe geben. Bei geringer Hitze ungefähr 30 Minuten kochen.

Die Linsen, falls notwendig, verlesen. Die gelben Rüben schaben, in kleine Würfel und den vorbereiteten Lauch in dünne Ringe schneiden. Das Gemüse mit den Linsen zu den Schälripple in die Brühe geben, weitere 50 Minuten kochen. Schälripple herausnehmen, Fleisch von den Knochen lösen, in Stückchen schneiden und diese unter die Linsen mischen.

Den Eintopf würzig mit Salz, Pfeffer und Weinessig abschmecken, zuletzt die Essiggurkenstückchen hinzufügen. Mit Spätzle servieren.

Unter den Eintöpfen ist dies ein kleiner Schwerenöter, aber trotzdem mit Linsen so ganz aufs Schwäbische abgestellt. Nicht nur in Württemberg, sondern auch in vielen anderen Ländern werden diese Hülsenfrüchte sehr geschätzt.

Die Linse wurde bereits zur Jungsteinzeit in Ungarn und zur Bronzezeit in der Schweiz kultiviert. Im alten Ägypten gedieh sie besonders gut, besser als in den europäischen Ländern. Das trifft wohl auch noch heute zu, denn der Linsenbrei, so wie ihn die Ägypter zubereiten, soll eine richtige Delikatesse sein. Die Franzosen, überall in der Welt als Gourmets bekannt, schmecken das Gemüse fein mit Rotwein ab. Manchmal werden sogar Gänsekeulen mitgekocht. Die Russen dagegen lieben es einfacher, sie fügen nur süßen Rahm und Semmelbrösel bei.

Eine wichtige Rolle hat die Linse bei den Hebräern gespielt. Und hätte Esau nicht einen solchen Hunger gehabt, daß er sein Erstgeburtsrecht gegen ein Linsengericht verkaufte, so würden wir möglicherweise diese Hülsenfrucht nie kennengelernt haben. Ob die Linsen von Natur aus rot waren oder ob Jakob sie mit besonderer Würze zubereitet hat, bleibt offen.

Im Zeitalter des Rokoko soll der Genuß von Linsen sowie Artischocken und natürlich Sellerie die Männer in feurige Liebhaber verwandelt haben. Hervorragend zu Linsen passen Schälripple, die – ganz leicht angeräuchert – einen recht pikanten Geschmack vermitteln. Doch dieser kräftige Eintopf läßt sich auch mit herzhaften, geräucherten Wurstsorten zubereiten. Beim Schwaben muß das Linsengericht auf jeden Fall säuerlich schmecken. Deshalb wird der Eintopf nicht nur mit den üblichen Gewürzen und mit Essig abgeschmeckt, sondern Sie finden, und das weicht vom üblichen ab, noch eine kleingehackte Essiggurke darin. Die Franzosen machen es wieder anders und streuen viel Schnittlauch und Petersilie darüber – auch nicht schlecht! Vielleicht versuchen Sie es einmal auf diese Weise.

2 Dosen Mandarinenspalten
(Einwaage je 175 g)
4 EL Orangenlikör
4 Eier
50 g Zucker
1/4 l Weißwein
5 EL Weinbrand
Saft einer Orange
4–5 Blatt Gelatine
1/4 l Sahne

Für den Krokant:
80 g Zucker
50 g Mandeln, geschält und fein gehackt

Mandarinenspalten auf einem Sieb gut abtropfen lassen. Einige Spalten für die Garnitur zurückbehalten, die übrigen in Gläser oder in eine Glasschale geben. Mit Orangenlikör beträufeln.

Ein ganzes Ei mit 3 Eigelb, Zucker, Weißwein, Weinbrand und Orangensaft über Dampf bei geringer Wärme schaumig schlagen. Gelatine einweichen, ausdrücken, über Dampf auflösen und unter die Creme mischen. Eiweiß und Sahne getrennt steif schlagen und nacheinander ebenfalls unterheben. Etwas Sahne zum Garnieren zurückbehalten. Creme auf die Mandarinenspalten verteilen und im Kühlschrank erstarren lassen.

Für den Krokant Zucker in einer Pfanne unter Rühren hell bräunen, Mandeln dazugeben. Auf ein nasses Holzbrett streichen. Nach dem Erkalten fein hacken. Krokant über die Creme streuen. Diese noch mit den zurückbehaltenen Mandarinenspalten und einigen Sahnetupfen garnieren.

Mandarinen-Sahnecreme

Im alten Athen forderte Solon um 600 v.Chr. mit einer vorbildlichen neuen Sozialgesetzgebung, daß alle Bürger, ob arm oder reich, die *Maza* essen sollten. Das war ein Getreidebrei, mit Milch oder Wein gekocht und mit Honig und Mandeln verfeinert.

Für uns soll die Mandarinen-Sahnecreme, wenn auch weit entfernt, ein wenig an diese Maza Solons erinnern. An das Prinzip der Sättigung allerdings brauchen wir uns nicht mehr zu halten. Wir haben ja eher die gegenteiligen Sorgen. Gleichwohl ist unser verfeinertes Rezept nicht unbedingt etwas für »Strandfiguren«, aber in Maßen genossen sei es auch ihnen vergönnt.

Wie die griechische Maza enthält unsere Creme Wein, anstelle von Honig jedoch Zucker. Milch wird durch Sahne ersetzt. Hinzu kommen Mandarinen, und das Ergebnis ist ein süßer Traum, eine herrliche Nascherei, der sich auch Schwaben nicht verschließen können.

Mandarinen sind die kleineren Verwandten der Apfelsinen. Sie kommen ursprünglich aus China. Im Jahre 1533 leistete man sich in Südfrankreich den Luxus einer Orangerie nur der Schönheit der Pflanzen wegen. Jahrhunderte später, im Jahre 1792, siegte das ökonomische Prinzip, als die erste Apfelsinenplantage Europas bei Valencia entstand.

Einen außergewöhnlichen Pomeranzengarten, eine rekonstruierte Gartenanlage aus der Renaissance, gibt es unweit von Stuttgart in dem schwäbischen Städtchen Leonberg zu Füßen des alten, ansonsten wenig bedeutenden Schloßbaues aus dem 16. Jahrhundert zu sehen. Es war einst der *Lustiggart der Durchleichtig und hochgeborn Fraw Sibila,* der Gemahlin des regierenden württembergischen Herzogs Friedrich. Dieses Pomeranzengärtlein wurde nach wiedergefundenen Plänen rekonstruiert und 1970 neu angelegt.

Marinierte Putenschnitzel in Calvadossahne

Im Schwabenland hat man schon immer gerne Geflügelfleisch gegessen. Es ist noch nicht so lange her, da mußte der Weihnachtsbraten, wenn man sich für einen Feinschmecker hielt, eine Pute sein.

Putenfleisch hat einige Vorteile: Es ist preiswert, nährstoff- und eiweißreich. Das Fleisch ist leicht verdaulich, fettarm, sehr bekömmlich und, wenn man es richtig zuzubereiten versteht, äußerst schmackhaft.

Unser Rezept könnte man phantasievoll auch »Schwabengeheimnis« nennen, weil niemand sieht, was für Köstlichkeiten sich unter der Käsehülle verbergen. Raffiniert auch die mit Calvados aromatisierten Äpfel. Und wie in der Normandie, so kann man nach dem Essen noch ein kleines Glas des berühmten Apfelbrandweins als Digestif reichen. Dem Gericht geben wir mit Crème fraîche, dem besonders dicken sauren Rahm, einen weiteren französischen Touch, und ich bin sicher, daß es schon bald zu einer schwäbisch-französischen Leibspeise avancieren wird.

4 Putenschnitzel
2 EL gehackte Petersilie
1/2 TL frischer, gehackter Thymian
1/2 TL getrocknetes Basilikum
8 EL Öl
2 feste Äpfel
4 EL Calvados
200 g Crème fraîche
4 Scheiben Edamer oder
Emmentaler Käse

Putenschnitzel mit Küchenkrepp abreiben, in eine flache Auflaufform legen, darüber die Kräuter streuen. Von der Petersilie etwas zurückbehalten. Öl zugießen und über Nacht zugedeckt stehen lassen. Äpfel schälen, vierteln, Kernhaus entfernen. Äpfel in dicke Scheiben schneiden und nur so lange dünsten, daß sie noch Biß haben, keinesfalls musig werden lassen. Nach 2 bis 3 Minuten Calvados zugießen.

Putenschnitzel in der Marinade 3–4 Minuten braten, in die Auflaufform zurückgeben. Die heißen Äpfel mit der Sauce darauf verteilen, verquirlte Crème fraîche dazugeben, mit Käsescheiben abdecken und bei guter Hitze im vorgeheizten Backofen kurz gratinieren. Der Käse darf aber nicht dunkel werden. Mit gehackter Petersilie bestreuen. Dazu Rahmkartoffeln servieren.

500 g Rosenkohl
30 g Butter oder Margarine
1/8 l Brühe
frisch geriebene Muskatnuß
8 Maultaschen
350 g Corned beef
3/8 l saure Sahne
5 EL Tomatenmark
4 EL geriebener Käse

Die geputzten Röschen des Rosenkohls gut waschen und halbieren. Fett erhitzen, Gemüse zufügen und kurz andünsten. Etwas Brühe zugießen und 20 Minuten bei geringer Hitze kochen. Mit Muskat abschmecken.

Maultaschen mit dem gekochten Rosenkohl in eine gefettete Auflaufform geben. Corned beef in kleine Stücke schneiden, in der restlichen Brühe unter Rühren zergehen lassen, über die Maultaschen und den Rosenkohl geben und danach das in der sauren Sahne verquirlte Tomatenmark zufügen. Zuletzt Käse darüber streuen. Auflauf im vorgeheizten Backofen (Elektroherd 200° C, Gasherd Stufe 3) etwa 15 Minuten überbacken.

Maultaschen-auflauf mit Rosenkohl

Alles Gute kommt aus der Röhre, und Aufläufe sind Eintöpfe erster Klasse, hört man immer wieder Liebhaber von überbackenen Gerichten schwärmen. Den stimme ich gerne zu, denn Aufläufe sind ungeheuer vielseitig. Was läßt sich nicht alles in die Form bringen: Fisch, Fleisch, Reis, Gemüse, Nudeln und Kartoffeln bis hin zu Eiern und saftigen Früchten. Aufläufe sind ein heißer Tip zur Rettung der Haushaltskasse und ideale Resteverwerter. Damit hat unser Gericht im Grunde schon gewonnen, denn hier lassen sich übriggebliebene Maultaschen zusammen mit Rosenkohl, Corned beef und einer Käse-Sahne-Sauce in einen leckeren Auflauf verwandeln. Wir würzen mit Muskat, denn er paßt sehr gut zu Rosenkohl.

Wußten Sie schon, daß die indonesischen Gewürzinseln die Urheimat der Muskatnuß sind? Die Geschichte des Gewürzes ist recht wechselvoll. Im 9. Jahrhundert noch Droge bei den Indern, ist sie drei Jahrhunderte später bereits Würze für das Bier, dem man sie gerieben zusetzt. Hilde-

gard von Bingen, Äbtissin des Klosters Rupertsberg und bekannteste Kräuterkundige ihrer Zeit, hat darüber berichtet.

Im 16. Jahrhundert landeten die Portugiesen auf den Gewürzinseln und rissen den Muskathandel an sich. Hundert Jahre später hatten die Holländer das sehr einträgliche Monopol. Sie machten die Bevölkerung zu Sklaven, und wer eine Muskatnuß unberechtigt abpflückte, dem wurde die Hand abgehackt. Schließlich wurden die Holländer gegen Ende des 18. Jahrhunderts von den Engländern vertrieben, die inzwischen zur Weltmacht aufgestiegen waren. Das Muskatmonopol war für immer gebrochen.

Ein guter Muskatnußbaum kann bis zu 100 Jahren alt werden und trägt vom achten Jahr an jährlich 1 500 bis 2 000 Nüsse. Die reifen Früchte werden ohne Fruchtfleisch und Samenmantel getrocknet. Die Kerne (Nüsse) kommen mit Kalk überzogen oder auch ungekalkt zum Verkauf. Sie sind ein begehrtes Gewürz für Suppen, Gemüse und Fleischgerichte. Damit sie ihr Aroma nicht verlieren, müssen sie trocken aufbewahrt werden.

750 g Kartoffeln
50 g gekochter Schinken
1 Ei
200 g Mehl
Salz, geriebene Muskatnuß
2 EL feingehackte Petersilie
Salzwasser
etwas Fett für die Form
2 Zwiebeln
150 g Speckwürfel
400 g gegartes Sauerkraut
1/4 l Sahne
100 g geriebener Käse

Kartoffeln in der Schale kochen, abgießen, schälen und durch die Kartoffelpresse drücken. Schinken in Würfel schneiden, mit Ei, Mehl, Salz, Muskat und Petersilie unter die Kartoffelmasse arbeiten.

Aus dem Teig fingerlange Würstchen formen, in kochendes Salzwasser einlegen und garen. Sobald sie hochsteigen, mit einem Schaumlöffel herausnehmen und in eine gefettete, feuerfeste Form legen. Zwiebeln kleinhacken, Speckwürfel kurz anbraten, Zwiebelwürfel dazugeben, hell rösten und mit dem gegarten Sauerkraut unter die Kartoffelwürstchen mischen. Sahne zugießen, Käse darüber streuen und im vorgeheizten Backofen (Elektroherd 250° C, Gasherd Stufe 5) goldgelb überbacken.

Münsinger Krautschüssel

Die Schwaben lieben Krautgerichte sehr. Schließlich wächst das Kraut ganz in der Nähe von Stuttgart auf den Fildern, daher auch der Name Filderkraut. Erfunden oder entdeckt wurde es hier aber nicht. Gekannt und gelobt hat das Sauerkraut nämlich schon der römische Politiker und Schriftsteller Cato (234-149 v. Chr.). Kolumbus und James Cook wären mit ihren Seeleuten ohne Sauerkraut verloren gewesen. Mit Erfolg bekämpften sie damit den Skorbut, der durch einen Vitamin-C-Mangel hervorgerufen wird. Schon im frühen Mittelalter wurde der Anbau des Krautes von den Klöstern kultiviert. Zerkleinert konservierten es die Mönche mit Salz in Holzfässern. Noch heute wird diese Methode gelegentlich praktiziert.

Wir haben schon gehört, daß Ludwig Uhland das Kraut bedichtete. Emil Kübler schrieb eine Sauerkrautkantate. Aber auch Nichtschwaben wie zum Beispiel Heinrich Heine und Wilhelm Busch äußerten sich zu diesem kulinarischen Thema.

Falls Ihnen vom letzten Sauerkraut-essen ein nicht zu kleiner Rest übrigblieb, könnte er sich wie hier zusammen mit den Schupfnudeln in der Auflaufform in eine neue Spezialität verwandeln. Die Resteverwertung wurde auf der Schwäbischen Alb, von wo unser Rezept stammt, schon immer groß geschrieben. Die Wiege der Schupfnudeln, die andernorts auch *Bubespitzle, Bauchstupferle, Geeszügele und Wargelnudeln* genannt werden, liegt ebenfalls im Ländle.

Sollten Sie für den Schupfnudelteig keinen Schinken zur Hand haben, kann er durch Wurststückchen ersetzt werden oder – wenn es gar nicht anders geht – auch einmal wegbleiben. Durch Petersilie gewinnen die Schupfnudeln noch zusätzlich an Geschmack.

500 g Kartoffeln
Salzwasser
3/4–1 l Fleischbrühe
2 dünne Stangen Staudensellerie
1 Stange Lauch
50 g Champignons
2 Tomaten
1 Zwiebel
50 g Butter
1/8–1/4 l Sahne
Salz
Pfeffer
geröstete Weißbrotwürfel
2–3 EL grobgeraspelte gelbe Rüben
oder 50 g Krabben

Die Kartoffeln schälen, in dünne Scheiben schneiden und in Salzwasser 30 Minuten kochen. Kochbrühe abgießen und die Kartoffeln mit dem Schneebesen unter Zugabe der Fleischbrühe zu einem glatten Brei schlagen. Staudensellerie waschen, in feine Streifen, geputzten Lauch in dünne Ringe und gewaschene, abgetropfte Champignons in Scheiben schneiden. Tomaten kurz in kochendheißes Wasser legen, Haut abziehen, Tomaten vierteln, Stengelansätze und Kerne entfernen. Staudensellerie und Lauch unter die Kartoffelsuppe rühren und darin auf Biß etwa 6 Minuten garen. Zwiebel fein wiegen, mit den Champignons in der heißen Butter 4 Minuten dünsten, Sahne zufügen, kurz aufkochen und mit den Tomatenstücken in die Suppe geben. Würzig abschmecken und Weißbrotwürfel und gelbe Rüben oder Krabben darauf anrichten.

Neue schwäbische Kartoffelsuppe mit Staudensellerie

»Kartoffelsupp', Kartoffelsupp', alle Tag' Kartoffelsupp'; Supp', Supp', Supp'« sangen die Kinder einst auf der Straße. Dieser Singsang ist eine Erinnerung an meine Kindheit und klingt mir noch heute im Ohr.

Lange Zeit war die Kartoffelsuppe das Samstagsessen im Ländle. Thaddäus Troll hat die Ansicht vertreten, der Schwabe könne mit der Kartoffel nicht viel anfangen. Dem ist keinesfalls so. Ich denke an manches gute Kartoffelgericht, an Rahmkartoffeln aus Bad Niedernau, das ist ein Stadtteil der Bischofsstadt Rottenburg am Neckar, oder Kartoffelküchle in Honauer Wirtschaften, gleich gegenüber dem Schloß Lichtenstein.

Außer dem heißgeliebten Kartoffelsalat versteht es die Schwäbin dank ihrer Kreativität, eine ausgezeichnete Kartoffelsuppe zuzubereiten. Dafür sorgen die Staudensellerie, die Sahne und die gerösteten Brotwürfelchen.

Seit rund zwei Jahrhunderten ist die Kartoffel, hier im Ländle auch *Grumbire* genannt, ein allseits bekanntes Grundnahrungsmittel. Nach den Forschungsergebnissen der Ernährungswissenschaftler hat die Kartoffel entgiftende und entwässernde Wirkung, trägt dadurch zur schlanken Linie bei und kann für einen tieferen Schlaf sorgen. Die braune Knolle enthält unentbehrliche Nährstoffe und Vitamine, die einen entscheidenden Anteil unseres gesamten Bedarfs decken, Mineralstoffe, Phosphor und Eiweiß, das so wertvoll ist wie Hühnereiweiß. Nehmen Sie für unsere Kartoffelsuppe möglichst eine mehlig festkochende Sorte, die auch nach längerer Lagerzeit noch von guter Qualität ist. Nährstoff- und Vitaminverlust können Sie vermeiden, wenn Sie die Kartoffeln erst kurz vor dem Kochen in kleine Stücke schneiden. Und denken Sie daran, *d'Supp wird net so hoiß gessa, wie se kocht wird.*

Für den großen Hunger oder wenn die Kartoffelsuppe eine Hauptmahlzeit ersetzen soll, sind rote Würste oder in Stücke geschnittene Fleischwurst schnell darin angerichtet.

Für das Nußbrot:
3 Eier
140 g Zucker
1/8 l Sonnenblumenöl
180 g gewaschene, grobgeriebene Zucchini mit Schale
50 g gemahlene Walnüsse
90 g gewaschene Rosinen
230 g Mehl, 1 TL Backpulver
1 TL Natron, 1 TL Salz, 1 TL Zimt
1 Päckchen Vanillinzucker

Für die Glasur:
300 g Puderzucker
3–4 EL Rum
2 EL heißes Wasser

Eier, Öl und Zucker schaumig rühren. Saft von den Zucchini abgießen, diese mit sauberen Händen gut ausdrücken, zu der Eiermasse geben und nacheinander Nüsse, Rosinen, Mehl, Triebmittel, Gewürze und Vanillinzucker daruntermischen. Teig auf zwei kleinere, gefettete Kastenformen verteilen, bei geringer Hitze im vorgeheizten Backofen (Elektroherd 150° C, Gasherd Stufe 1) etwa 65 Minuten backen. Nußbrot noch warm mit der Glasur überziehen. Dazu Puderzucker sieben, mit Rum glattrühren, falls notwendig, etwas heißes Wasser dazugeben.
Das Nußbrot kann schon einige Tage vor Gebrauch gebacken werden. Es eignet sich auch hervorragend, allerdings ohne Glasur, zum Einfrieren. In diesem Fall erst nach dem Auftauen mit der Glasur überziehen.

Nußbrot mit Rumglasur

Backen ist ein Hobby der Schwäbin. Sie tut es mit Freude und Leidenschaft. Der Duft, der durch das Haus zieht, und der Anblick des Gebäcks machen das Backen zum Vergnügen. Mit Zucchini, Nüssen und Rosinen ist das Nußbrot besonders lecker. Mit Zucchini? – werden Sie fragen. Ja, diese kleine Kürbisfrucht, die den Kuchen geschmacklich nicht beeinflußt, verhindert, daß er austrocknet. Er bleibt durch sie wunderbar frisch. Zucchini sind vielseitig verwendbar. Sie kommen aus Italien und Frankreich, werden heute aber auch bei uns angebaut. Nüsse dagegen stammen aus fernen Landen. Ihre Geschichte geht weit bis in prähistorische Zeit zurück. Die Urheimat der Walnuß beispielsweise ist Persien. Sie ist heute eine Kosmopolitin und von den japanischen Inseln bis zur adriatischen Küste überall zu Hause. Um 450 n. Chr. ist der Walnußbaum nach England gekommen. Karl der Große ließ ihn 400 Jahre später auch in Deutschland anpflanzen. Die Walnuß, auch Baum- oder welsche Nuß genannt, ist die vielseitigste der ganzen Nußfamilie. Sie dient auch zur Ölgewinnung. Walnußöl gehört zu den teuersten und wertvollsten Ölsorten.

Dagegen ist die Rosine doch ein sehr bescheidenes Früchtchen. Eine von der Sonne getrocknete Weintraube, die wir aber im Nußbrot nicht missen möchten.

Die Bezeichnung Brot könnte übrigens irreführen. Sie ist auch nicht wörtlich zu nehmen, denn eigentlich handelt es sich bei diesem Gebäck um einen Kuchen. Ich habe ihn bei einer Urschwäbin gegessen, die mich mit etwas Neuem begeistern wollte, was ihr auch glänzend gelungen ist. Auch Sie werden sicher überrascht sein, wenn das Nußbrot mit Rumglasur duftend vor Ihnen steht. Anstelle der Walnüsse können auch Mandeln oder Haselnüsse verwendet werden.

Oberländer Gemüsepfanne mit Sesamküchle

Gemüse belebt den Speisezettel, und die neue schwäbische Küche schuf am heimischen Herd schon so manche phantasievolle Gemüsekreation. Das Oberland und das Bodenseegebiet sind fruchtbare Gegenden, in denen der Gemüseanbau eine bedeutende Rolle spielt. Fast alle Gemüsearten sind reich an Vitaminen und Mineralstoffen, die jedoch durch unsachgemäße Zubereitung schnell verlorengehen können. Zu langes Kochen bei hohen Temperaturen zerstört bestimmte Vitamine, genauso wie der Sauerstoff der Luft und das Licht das tun. Viele Vitamine und Mineralstoffe sind wasserlöslich. Lassen Sie darum das Gemüse nicht zu lange im Wasser liegen. Achten Sie beim Einkauf auf frisches Gemüse, verwenden Sie es möglichst am selben Tag. Waschen Sie Gemüse kurz, aber gründlich, und garen Sie es nicht allzulange. Es soll noch einen kernigen »Biß« haben und Eigengeschmack und Farbe weitgehend bewahren. Schließlich ißt auch das Auge mit. Eine sehr gute Ergänzung zu diesem

Gemüsegericht sind Sesamküchle. Die Sesamkörner sind die Samen des asiatischen Sesamkrautes, das in Indien, China und Afrika angebaut wird. In der chinesischen wie auch indischen Küche sind Sesamkörner sehr beliebt. Da wir Schwaben *net hinterm Mond lebe*, haben wir die Verwendung von Sesamsamen gerne übernommen und unsere Küche um diese moderne Geschmacksvariante bereichert.

Für die Gemüsepfanne:
1 kleine Fenchelknolle, 1 Zucchini
je 1 rote und gelbe Paprikaschote
5 Fleischtomaten
500 g frische Champignons, 4 EL Öl
etwa 1/4 l Brühe oder Wasser
Kräutersalz, Pfeffer, 1 Bund Basilikum

Für die Sesamküchle:
750 g rohe Kartoffeln, Salzwasser
3 Eigelb, 3 EL Mehl
Salz, Pfeffer
frisch geriebene Muskatnuß
3 Eiweiß, 100 g Sesamsamen
50–75 g Butter oder Margarine
zum Ausbacken

Fenchelknolle putzen, waschen, vierteln und in dünne Scheiben schneiden. Zucchini gut waschen, ebenfalls in Scheiben schneiden. Kerne und weiße Scheidewände der Paprikaschoten entfernen, die Schoten waschen, in feine Streifen schneiden. Tomaten waschen und halbieren. Champignons putzen, Haut abziehen, vierteln und Stengelansätze herausschneiden. Fenchelscheiben zum heißen Öl geben, mit kochendheißem Wasser überbrühen, andünsten, etwas Brühe oder Wasser zugießen und zugedeckt bei geringer Hitze 15 Minuten dünsten. Die restlichen Gemüse dazugeben und weitere 10 Minuten zugedeckt dünsten. Mit den Gewürzen pikant abschmecken. Basilikumblättchen waschen, mit Küchenkrepp trocknen, etwas zerkleinern und über die Gemüsepfanne verteilen.

Für die Sesamküchle Kartoffeln schälen, waschen, in kleine Stücke schneiden und in Salzwasser garen. Wasser abgießen, Kartoffeln abdämpfen (sie müssen trocken sein) und durch ein Sieb oder durch die Kartoffelpresse drücken. Eigelb, Mehl, Gewürze daruntermischen. Aus dem Kartoffelteig mit bemehlten Händen kleine Küchlein formen, in Eiweiß und Sesamsamen wenden und in heißem Fett auf beiden Seiten zu schöner Farbe backen.

1 kg fleischige Ochsenschwanzstücke
Meersalz, Pfeffer
frisch gemahlene Muskatnuß
2–3 Zwiebeln
1–2 Lorbeerblätter
Weinessig, 40 g Fett
50 g geräucherte Speckwürfel
1–2 EL Zucker, 40 g Mehl
1 l Brühe, 1/2 l Rotwein (Lemberger)
250 g Champignons
6 gefüllte Oliven
1–2 cl Kirschwasser
1 Karotte, in dünne Stifte geschnitten
2 EL feingehackte Petersilie

Ochsenschwanzstücke gut waschen, mit Salz, Pfeffer und Muskat einreiben, in einer Schüssel mit Zwiebelscheiben, Lorbeerblättern und so viel Weinessig ansetzen, daß das Fleisch bedeckt ist. 2–3 Tage zugedeckt stehen lassen.

Dann die Ochsenschwanzstücke trockentupfen, im heißen Fett mit Speckwürfeln anbraten, Zucker hinzufügen, Mehl darüber stäuben, alles mehrmals wenden und mit der Beize ablöschen. Brühe und Rotwein zugießen und zugedeckt bei geringer Hitze etwa 2 1/2 Stunden köcheln lassen.

Ochsenschwanzstücke herausnehmen, Sauce durchseihen, Fleisch von den Knochen lösen und zurück in die Sauce geben. Champignons putzen, halbieren, zufügen und noch etwa 5 Minuten kochen lassen.

In Scheiben geschnittene Oliven zugeben und alles pikant süß-sauer abschmecken. In einer tiefen Schüssel anrichten, Kirschwasser darüber träufeln. Mit einigen Karottenstiften und Petersilie garnieren. Dazu breite Nudeln, mit blättrig geschnittenen, leicht gerösteten Haselnüssen vermischt, servieren.

Oberschwäbische Leibspeise

Genaugenommen war dieses Gericht einmal ein Essen, das im Gebiet um den Bodensee sehr beliebt war. Das Fleisch vom Ochsenschwanz schmeckt recht würzig und läßt sich für Suppen und Ragouts vorzüglich verwenden. In unserem Falle wird es nicht nur in Brühe und Lembergerwein gekocht, das wäre an sich schon eine feine Sache, sondern auch noch mit edlem Kirschwasser aromatisiert.

Der Geschmack dieses Gerichts wird wieder einmal von der Sauce geprägt. Die Schwäbin ist eine ausgezeichnete Saucenköchin. Sie weiß, daß mit der Sauce vieles steht und fällt und daß sie vor allem reichlich davon vorhanden sein muß, so wollen es jedenfalls ihre Gäste. Außerdem soll die Leibspeise nicht nur durch ihren Duft betören, sondern auch für das Auge appetitanregend sein. Es werden deshalb noch ein paar gefüllte Oliven dazugegeben.

Um den Ochsen rankt sich übrigens so manche nette Geschichte, die passende Würze hat beispielsweise folgende: Es war, so wird erzählt, im Jahre 1911, als der letzte schwäbische König, Wilhelm II., dem Gestüt in Marbach auf der Schwäbischen Alb einen Besuch abstattete. Dort gab es aber nicht nur Pferde, sondern auch Ochsen, die die Arbeit auf den Feldern verrichteten. Der Stallmeister führte den hohen Besuch durch das Gestüt und zeigte Seiner Majestät auch die Ochsen. Der König meinte, daß dies ja prächtige Kühe seien. Daraufhin war der Stallmeister einigermaßen verunsichert und wußte nicht so recht, wie er reagieren sollte. Aber egal, wie, der Irrtum mußte unbedingt aufgeklärt werden. Also sprach er mutig: »Majestät, es sind keine Kühe, sondern Ochsen!« Der König stutzte, schaute die Tiere nochmals genauer an, nickte mit dem Kopf und sagte: »Ja, des stimmt. I hab nur oberflächlich hingeschaut und net dronderguckt!«

Für die Obstkaltschale:
1 kg Obst (Kirschen, Aprikosen, Erdbeeren, Johannisbeeren, Himbeeren)
1 Zimtstange
3–4 EL Zucker
1 l Wasser
4 TL Speisestärke

4 Kugeln Walnuß- oder Vanilleeis

Zum Garnieren:
4 TL geraspelte Schokolade oder geröstete Mandelblättchen

Obst vorbereiten, dazu Kirschen und Aprikosen waschen, entsteinen, Aprikosen in kleinere Stücke schneiden. Erdbeeren waschen, abtropfen lassen, Stengelansätze entfernen, Früchte je nach Größe halbieren oder vierteln. Johannisbeeren waschen, entstielen, Himbeeren verlesen und waschen.

Kirschen und Aprikosen mit Zimt, Zucker und Wasser bei geringer Hitze ungefähr 10 Minuten kochen lassen. Johannisbeeren und Erdbeeren dazugeben, weitere 5 Minuten mitkochen lassen. Speisestärke mit wenig kaltem Wasser anrühren und das Obst damit binden. Ganz zuletzt Himbeeren zufügen, jedoch nicht mehr mitkochen lassen. Zimtstange entfernen. Obstsuppe nach dem Erkalten in den Kühlschrank stellen.

Vor dem Servieren auf Suppenteller verteilen. Eis in die Mitte setzen und nach Belieben mit geraspelter Schokolade oder mit gerösteten Mandelblättchen garnieren. Löffelbiskuits dazu reichen.

Obstkaltschale mit Walnußeis

In der heißen Jahreszeit gibt es nichts Erfrischenderes als eine Obstkaltschale mit Eis, die übrigens auch im Winter ein Vergnügen sein kann.

Wer aber weiß schon, daß es sich bei Speiseeis tatsächlich um eine Götterspeise handelt. Der Grieche Simonides von Keos besang vor 2 500 Jahren in einem Gedicht, wie Speiseeis aus dem Schnee vom Gipfel des Olymp gewonnen wurde. Und Hippokrates, der Begründer der Medizin, schätzte Eis als Therapie, weil es »die Säfte belebt und das Wohlbefinden hebt«.

Alexander der Große wollte unter keinen Umständen auf Eis verzichten und ließ es ebenfalls aus dem Schnee der Berge herstellen, was ganz sicher zu jener Zeit eine mühsame Angelegenheit war. Goethes Mutter dagegen hatte offenbar einen anderen Geschmack. Sie schüttete das Eis, das ein französischer Leutnant einmal mitgebracht hatte, einfach weg. Sie konnte sich nicht vorstellen, daß – so heißt es wörtlich – »der Magen ein wahrhaftiges Eis, wenn es noch so durchzuckert sei, vertragen könne«.

Inzwischen ist wissenschaftlich bewiesen, daß auch im Sommer ein kaltes Eis schon im Mund eine Temperatur von 8 bis 10 Grad erreicht und, bis es im Magen ist, auf Körpertemperatur erwärmt wird.

Für eine Reihe berühmter Leute, so zum Beispiel Napoleon oder Bismarck, war Eis eine äußerst feine Sache. Napoleon soll schon als ganz unbekannter Leutnant in Paris im Café eines Italieners aus Palermo, dem späteren Eispalast des Procope, wo es schon 1782 etwa 80 Eisspezialitäten gegeben hat, ein- und ausgegangen sein. Selbst als Gefangener auf St. Helena soll er sich sein Eis mit Hilfe einer kleinen Maschine selbst hergestellt haben. Washington und Madison, beides amerikanische Präsidenten, taten das Ihrige, um aus den Vereinigten Staaten ein Land der *Ice-creams* zu machen. Eine Amerikanerin, Nancy Johnson, war es auch, die um 1790 die erste Speiseeismaschine erfunden hat. Die industrielle Produktion kam allerdings erst viel später, bei uns sogar erst um 1930, in Schwung.

Für den Fleischsalat:
3–4 große, gekochte Kartoffeln
2 säuerliche Äpfel
400–500 g gekochtes Rindfleisch
5 Gewürzgurken
1 Zwiebel

Für die Marinade:
150 g Joghurt
2–3 EL Mayonnaise
2–3 EL Weinessig
2 EL Öl, 1 TL Senf
Salz, 1 Prise Zucker, Pfeffer

Petersilienblättchen oder Kresse
zum Garnieren

Kartoffeln und Äpfel schälen und mit Rindfleisch und Gewürzgurken in kleine Würfel
schneiden. Zwiebel fein wiegen und dazugeben.
Für die Marinade den Joghurt verrühren,
Mayonnaise, Essig und Öl zufügen und mit
Senf, Salz, Zucker und Pfeffer würzig abschmecken.
Salat mit der Marinade anmachen, etwas
durchziehen lassen. Vor dem Servieren mit
Petersilie oder Kresse hübsch garnieren.

Omas Fleischsalat

Lang, lang ist's her und
doch auch wieder nicht
so lang, als daß man bei
diesem Fleischsalat die
Spuren der Tradition nicht mehr erkennen könnte. Die Zutat Phantasie
hat ihn nur ein wenig verändert.
Ein würzig angemachter Salat kann
durchaus als Hauptmahlzeit dienen.
Was jedem Salat seine ganz besondere Note gibt, ist das Dressing. Es
kann so vielfältig sein wie der Salat
selbst. Es ist eine Binsenweisheit, daß
ein Salat mit der Sauce steht und fällt.
Sie verleiht ihm die richtige Würze,
den Geschmack und die Bekömm-
lichkeit. So ist es auch mit der Mayonnaise, die hier mit Joghurt vermischt
wird. Der französische Marschall
Richelieu soll die Mayonnaise zu seiner Lieblingssauce erklärt haben, als
er sie das erste Mal auf der Balearen-
insel Menorca in Port-Mahon vorgesetzt bekam. Es ist zwar eine Legende, aber doch vorstellbar, daß
sich aus Mahon die Bezeichnung
Mahonnaise und dann *Mayonnaise*
gebildet hat. Alexandre Dumas hingegen behauptete, die Sauce müsse
eigentlich *Bayonnaise* heißen, nach
dem Fischerhafen Bayonne im Golf
von Biskaya, wo man sie schon viel
früher begeistert gegessen habe.
Zur Zeit des französischen Sonnen-
königs Ludwig XIV. galt die Mayonnaise als Königin der kalten Saucen.
Wir haben uns heute daran gewöhnt,
sie fertig zu kaufen und allenfalls
nach unserem Geschmack zu ver-
ändern.
Garnieren Sie unseren Salat zur Abwechslung einmal mit Kresse wegen
ihrer vielen gesundheitsfördernden
Eigenschaften, die unsere Vorfahren
schon sehr früh erkannt haben. So
ganz nebenbei soll Kresse auch ein
vorzügliches Abwehrmittel gegen
Nikotin sein. Es ist aber vor allem der
frische und würzige Geschmack, der
immer wieder begeistert. Er verträgt
sich nicht mit Petersilie, sie muß
daher in diesem Fall wegbleiben.

2 l Kalbskopfbrühe
3 EL Weinessig, Meersalz
2 Eiweiß
4 hartgekochte Eier
2 Gewürzgurken, 1 Karotte
2 Scheiben gekochter Schinken
16 Blatt weiße Gelatine
eingelegte grüne Pfefferkörner
nach Belieben Kalbskopffleisch,
gekocht und kleingeschnitten

Zum Garnieren:
Tomatenviertel
Petersilie

Von der erkalteten, am Vortag angesetzten Kalbskopfbrühe das Fett entfernen, Brühe erhitzen, mit Essig abschmecken, wenn notwendig, auch mit Salz. Eiweiß leicht schaumig schlagen, unter weiterem Rühren in die Brühe geben, unter weiterem Rühren kurz aufkochen lassen. So lange zugedeckt warm stellen, bis das Eiweiß fest und die Brühe klar ist, erst dann durchsieben. Eier schälen, in Viertel, Gewürzgurken und Karotte in Scheiben, Schinken in Streifen oder kleine Würfel schneiden. Gelatine einweichen, über Dampf auflösen, mit den Pfefferkörnern unter die durchgesiebte Brühe rühren.

Suppenteller mit kaltem Wasser ausspülen, im Wechsel mit kleingeschnittenem Kalbskopffleisch, Sülze, Eivierteln und Gurkenscheiben sowie Schinkenstückchen und wieder Sülze füllen. Kalt stellen. Erst, wenn die Sülze ganz fest ist, stürzen. Mit Tomatenvierteln und Petersilie garniert servieren. Dazu Bauernbrot reichen.

Pfeffersülze mit Einlage

Wie gut die Pfeffersülze schmeckt, und dies nicht nur an heißen Tagen, ist schon aus Bild und Text zu erkennen. Wichtig ist, daß das Fleisch vom Kalbskopf weich ist. Es könnte Ihnen sonst so gehen wie jenem Metzger, der einen Tübinger *Wengerter* (Weingärtner) wegen seiner harten Worte zurechtwies, die er von ihm bekommen hatte. Mit barschen Worten sagte er, er habe seinen Ochsen zum Traubentreten nehmen müssen, der dann Hühneraugen an den Klauen davongetragen habe. Darauf der Tübinger Gog: »Halt no dei Gosch! Bei dir han i vor a paar Tag Floisch kauft, des nach zwoi Stond no net zwoich war, dafür aber dr Hafe!«

Zum Bereiten der Sülze wird heute in der schwäbischen Küche meist Gelatine verwendet, wenn auch das Kopffleisch von Kalb oder Schwein und die Füße dieser Tiere gelierfähige Stoffe enthalten. Es kann trotzdem sein, daß die Brühe nach dem Erkalten nicht fest genug ist und gebunden werden muß. Versuchen Sie die Brühe auch einmal mit je einer Prise Thymian und Sal-

bei zu würzen. Exquisit wird sie, wenn Sie Krabben und Spargelstücke, kleingeschnittene Aal- oder Hühnerfleischstücke, auch Champignons dazu verwenden.

Die Pfeffersülze ist ein Gericht der vielen Möglichkeiten. Als Beilage können Sie Brot oder Toast, oder wenn's was Habhaftes sein soll, auch einmal Bratkartoffeln reichen. Vergessen Sie dann nicht, neben einem kühlen, frischen Bier noch etwas Remouladensauce oder eine Joghurtmayonnaise und Senf auf den Tisch zu stellen.

Rehleberklöße

400–500 g Leber, Nieren und
Herz vom Reh
350 g frischer Spinat
Salzwasser
1 1/2 Brötchen
1 kleingehackte Zwiebel
2 EL Öl
40 g Salami, in kleine Würfel geschnitten
2 Eier
2 EL Mehl
2–3 EL Weckmehl
2 EL kleingehackte Petersilie
Salz, Pfeffer
Muskat
1 Prise Majoran
hellgeröstete Zwiebelstückchen

Rehleber und Nieren häuten, beides sowie das Herz gut waschen. Alles in kleinere Stücke schneiden.

Spinat entstielen, waschen, in Salzwasser einmal aufkochen und dann abtropfen lassen. Brötchen einweichen, ausdrücken, zerzupfen und mit den Innereien und dem Spinat durch den Fleischwolf drehen. Zwiebelstückchen im heißen Öl mit den Salami-würfeln kurz dünsten und mit den Eiern, sämtlichen Zutaten und Gewürzen, außer den Zwiebelstückchen, vermischen. Zur Probe von der Masse einen kleinen Kloß abstechen und in leicht kochendem Salzwasser 10–12 Minuten ziehen lassen. Sollte der Kloß zerfallen, muß zur Masse noch etwas Weckmehl zugefügt werden. Nun mit einem Eßlöffel Klöße abstechen, in kochendes Salzwasser einlegen und gar ziehen lassen. Abgetropft auf einer Platte mit den hellgerösteten Zwiebelstückchen darüber anrichten.

Dazu einen schwäbischen, nicht zu kalten Kartoffelsalat reichen. Sollten einige dieser exquisiten Klöße übrigbleiben, so lassen sie sich ausgezeichnet einfrieren.

u, tsch des ebbes Fer's!« Damit waren die Rehleberklöße gemeint, und die Äußerung machte ein Gast anläßlich eines kleinen Jagdessens. Der Gast hatte recht, denn die Klöße treffen so ganz den Geschmack des Schwaben. Nichts ist darin enthalten, was ihn stören könnte oder was er nicht mag. Und der Gastgeber hatte bewiesen, daß er gut und genüßlich zu essen versteht.

Für Nichteingeweihte: Leber, Herz, Nieren, Lunge, Milz und Hirn sowie Zunge eines erlegten Wildes sind in der Jägersprache der *Aufbruch*, der nach geltendem Brauch dem erfolgreichen Schützen gehört, es sei denn, er verschenkt einen Teil davon.

Auch den zu den Klößen servierten, warmgestellten und vor dem Anrichten nochmals mit Öl vermischten Kartoffelsalat wurde allseits kräftig zugesprochen.

Die einst aus Peru nach Europa gebrachte Kartoffel, die lange Zeit fast überall auf strikte Ablehnung stieß, war auch bei den Schwaben bis unter Herzog Karl Eugen (1728 bis 1793) verpönt. Kartoffeln warf man bis da-

hin nur den Säuen vor. Als es bei der großen Hungersnot im Jahre 1772 außer Kartoffeln rein gar nichts mehr zu essen gab, wandte man sich notgedrungen dem Knollengewächs zu. Das einst so gestörte Verhältnis zur Kartoffel wandelte sich daraufhin grundlegend. Ihre Vorzüge als vollwertiges Nahrungsmittel sind inzwischen längst bekannt. Und mit dem schwäbischen Kartoffelsalat feiern sie bei uns immer wieder fröhliche Urständ.

Zurück zu den Rehleberklößchen: Das Würzen der Klöße verlangt etwas Fingerspitzengefühl, ein Hauch Knoblauch zum Beispiel würde ihnen einen besonders reizvollen Geschmack verleihen. Die passionierte schwäbische Köchin weiß das.

Für weitere gute Laune in der Tafelrunde sorgt ein rezenter, fruchtiger Rotwein, ein Trollinger, Lemberger oder Spätburgunder, alles edle Sorten, die im Schwabenland hervorragend gedeihen. Und eine alte schwäbische Weisheit sagt: »Wer gut ißt und trinkt, der gut lacht!«

Für den Nudelsalat:
200 g gekochtes Hühnerfleisch
2 Tomaten, 1 rote Paprikaschote
75 g Käse (Emmentaler oder Gouda)
Frisée- oder Endiviensalatblätter
150 g grüne Erbsen, gedünstet
150 g gekochte Nudeln

Für die Salatsauce:
2 EL Mayonnaise
3 EL Kräuteressig
1 EL Kräutersenf
4 EL Sonnenblumenöl
Salz, Pfeffer

1 hartgekochtes Ei zum Garnieren

Hühnerfleisch in kleine Stücke schneiden. Tomaten mit kochendheißem Wasser überbrühen, Haut abziehen, Tomaten vierteln, Kerne und Stielansatz entfernen. Paprikaschote halbieren, die Scheidewände und Kerne entfernen, die Schoten waschen und in feine Streifen schneiden. Den Käse kleinwürfeln. Salatblätter gut waschen, trockenschleudern und in feine Streifen schneiden. Alles zusammen mit Erbsen und Teigwaren in eine Schüssel geben und vermischen. Für die Salatsauce Mayonnaise mit Kräuteressig, Senf und Öl verrühren, mit Salz und Pfeffer würzig abschmecken, über die Salatzutaten gießen und vermischen. Salat mindestens 1 Stunde gut gekühlt ziehen lassen. Vor dem Servieren das hartgekochte Ei kleinhacken und über den Salat streuen.

Remstäler Nudelsalat

Ein Rezept zur Nudelherstellung wurde vor einiger Zeit in China gefunden und auf ein Alter von rund 4000 Jahren geschätzt. Es ist somit wohl die älteste Kochvorschrift überhaupt. Die Nudelgeschichte hat allerdings noch immer viele Lücken, die bislang kein Historiker schließen konnte. So ist nicht bekannt, wie die Nudeln nach Europa gekommen sind, wenn man einmal davon ausgeht, daß sie im chinesischen Raum erfunden wurden. Vermutlich haben sie von Sizilien aus die Küchen Europas erobert, als noch die Araber auf dieser Insel herrschten.

Ein altes italienisches Kochbuch aus den Jahren um 1260 beschreibt eine Art Nudelherstellung. Nachweislich gab es dann im 15. Jahrhundert von Sizilien bis nach Südtirol Pasta. Im New Kochbuch von Anna Weckerin, das 1597 erschienen ist, finden wir ein Essen von »gedörrtem Teig«, der in breite Streifen geschnitten und im Backofen geröstet wird und somit den uns bekannten Nudeln bereits ziemlich nahekommt. Im 18. Jahrhundert tauchen sie dann in den heute bekannten Formen in Deutschland auf, und zwar bevorzugt im Süden des Landes. Seither gehören wir Schwaben landauf, landab zu den fleißigsten Nudelessern. Im Remstal wurde 1874 die erste Nudelfabrik gegründet, die heute die größte in Deutschland ist.

Im Kombinieren waren die Schwaben nie müßig, können mit einem raffinierten Nudelsalat eine kleine Mahlzeit ersetzen und am Abend auf den Tisch bringen. Damit läßt sich sogar eine gewisse Gemeinsamkeit mit den alten Römern entdecken. »Ein Salat am Abend sorgt für guten Schlaf und süße Träume«, sagte Tacitus vor 2000 Jahren.

Daß man übrigens mit dem Mischen von Salaten sehr viel Geld verdienen konnte, das bewiesen einst französische Emigranten aus Adelskreisen, die sich in London als Salatmischer betätigten. Einer von ihnen soll nach wenigen Jahren mit einem Vermögen von 100 000 Goldfranken nach Paris zurückgekehrt sein.

Für die Rhabarbergrütze:
1 kg Rhabarber
100–150 g Zucker
1 EL Zitronensaft
1/2 l Wasser
5 Blatt weiße Gelatine
500 g Erdbeeren

Für die Vanillesahne:
1/4 l Sahne
1 EL Zucker
echter Vanillezucker

Rhabarber schälen, in 3 cm lange Stücke schneiden und auf einem Sieb mit heißem Wasser überbrühen. Mit Zucker, Zitronensaft und Wasser 5–10 Minuten kochen. Gelatine einweichen, ausdrücken, unter den Rhabarber rühren. Masse in eine mit kaltem Wasser ausgespülte Form oder in Tassen füllen und kalt stellen.
Erdbeeren waschen, abtropfen lassen, entstielen, einmal durchschneiden. Rhabarbergrütze nach dem Erstarren stürzen und mit den Erdbeeren garnieren.
Die gut gekühlte Sahne mit Zucker süßen und mit echtem Vanillezucker aromatisieren. Gesondert zu der Grütze servieren oder darüber gießen.

Rhabarbergrütze mit Erdbeeren und flüssiger Sahne

»Rhabarber machet blanke Äuglein«, ist in einem alten Kräuterbuch aus dem Jahre 1784 zu lesen. Eine gewiß lobenswerte Eigenschaft des Rhabarbers, der schon zu Großmutters Zeiten und davor beliebt war. Mit frischem Rhabarbergrün hieß man den Frühling willkommen

Der Speiserhabarber, der heute grünstielig mit grünem Fruchtfleisch und rotstielig mit rötlich-grünem Fruchtfleisch und frischer, herber Säure auf den Markt kommt, hat eine lange Geschichte. Er stammt aus Zentralasien. Schon vor 5 000 Jahren wurde er als Heilmittel in Pulverform gegen Darmträgheit verordnet. Wie sein Weg nach Westen und Norden verlief, ist ungeklärt. Die Griechen nannten ihn »Barbar von der Rha«, was soviel wie Fremdling von der Wolga heißt. Für die Römer war er das Rheum barbarum, die Wurzel der Barbaren.

Wir Deutschen lernten den Rhabarber erst viel später kennen. Man sagt, ein Engländer sei es gewesen, der einen Bauern in den Vierlanden bei Hamburg einige Pflanzen für Versuchszwecke geschenkt habe. Sei es, wie es wolle – heute ist der Rhabarber bei uns auf allen Märkten und in vielen Gärten zu finden.

Rhabarber weist einen hohen Gehalt an Vitamin C und Eisen auf. Beim Kochen hilft eine Messerspitze Natron oder etwas Zitronensaft, um ihn zu entsäuern und bekömmlicher zu machen. Fügt man noch etwas Stangenzimt hinzu, dann gewinnt er an Geschmack. Rhabarber hält sich im Gemüsefach des Kühlschranks einige Tage frisch, wenn er wie Spargel in ein feuchtes Tuch eingeschlagen wird.

In unserem Dessert verbindet sich die frische Säure des Rhabarbers in harmonischer Weise mit der sanften Süße der Sahne. Eine herrliche Komposition für heiße Tage!

Roastbeefplatte

Für das Gemüse:
1 Zwiebel, 2 Äpfel
30 g Schweineschmalz
750 g Sauerkraut
5–6 Wacholderbeeren
1/4 l Weißwein oder Apfelsaft
1/4 l Sahne
Salz, 1 Prise Zucker

Für das Fleisch:
4 Scheiben Roastbeef (je 150 g)
6 EL Öl
schwarzer Pfeffer (Mühle)
Salz, 3 Zwiebeln
etwas edelsüßer Paprika

Zwiebel fein wiegen, Äpfel schälen, vierteln, entkernen, in dünne Scheiben schneiden, im heißen Schweineschmalz hell dünsten. Sauerkraut mit einer Gabel lockern, zugeben, ebenso die Wacholderbeeren. Behalten Sie etwa 2 EL rohes Kraut zurück, um es zum Schluß unter das fertige Gericht zu mischen. Weißwein oder Apfelsaft sowie Sahne dazugießen. Bei geringer Hitze 45 Minuten kochen. Mit Salz und Zucker abschmecken.
Die Roastbeefscheiben etwas breit drücken, mit Küchenkrepp abreiben, Fettränder einschneiden, mit Öl bestreichen und mit Pfeffer würzen. Zur Seite stellen.
2 EL Öl erhitzen. Roastbeefscheiben hineinlegen und auf jeder Seite – je nachdem, wie durchgebraten man sie wünscht – 2 bis 6 Minuten braten. Herausnehmen, salzen und warm stellen. Die Zwiebeln in feine Ringe schneiden und mit Paprika unter Rühren im restlichen Öl bräunen. Sauerkraut auf einer Platte anrichten, Roastbeef darauf legen und die Zwiebeln darüber verteilen. Die Zwiebelringe können auch nach dem Anbräunen mit einer Tasse Bier oder saurem Rahm übergossen werden. Diese Sauce ein wenig binden und zu den Roastbeefscheiben reichen. Eine delikate Sache, zu der Sie am besten Spätzle oder Knöpfle servieren.

livenöl eignet sich hervorragend zum Braten. Dieses Öl hat ein geradezu biblisches Alter.
Schon im ersten Buch Mose steht, daß Jakob, als er des Nachts von der Himmelsleiter träumte, am Morgen den Stein zu seinen Haupte aufrichtete und Öl darauf goß. Die Archäologen haben festgestellt, daß Aristaios die Olivenpresse erfunden hat, die es vermutlich ermöglichte, das Öl aus den Früchten zu gewinnen. Es gehört seit Jahrtausenden zu den Grundnahrungsmitteln der am Mittelmeer lebenden Menschen. Für Salate und Marinaden ist vor allem das naturreine, kaltgepreßte Olivenöl zu empfehlen. Es hat einen hohen Anteil an ungesättigten Fettsäuren, enthält naturbelassene Vitamine, Aufbaustoffe und Spurenelemente.
Viel älter als das durch den Menschen gewonnene Öl ist der Ölbaum selbst. Nach der Sage soll er von der Göttin Pallas Athene geschaffen worden sein, wie am Westgiebel des Parthenon auf der Akropolis zu Athen zu entnehmen ist. Poseidon und Pallas Athene stritten sich einst um die Vorherrschaft in Attika. Poseidon, als

Kraftprotz bekannt, bohrte seinen Dreizack so tief in einen Stein, daß er steckenblieb und seinen Besitzanspruch demonstrierte. Da ließ Pallas Athene den Ölbaum aus der Erde Attikas sprießen, was Land und Leuten wesentlich nützlicher war. Deren Sympathien gehörten fortan der schönen Göttin, und seit jener Zeit stellte man sich wohl auch die Olivenbäume als Symbole des Friedens und der Freiheit vor.

4 EL Zucker
2 Eigelb
250 g Quark (20% Fett i.Tr.)
2 EL gemahlene Haselnüsse
250 g frische Himbeeren
1–2 TL Himbeergeist
1/4 l Sahne
1 Päckchen Vanillinzucker

Zucker und Eigelb so lange rühren, bis sich der Zucker aufgelöst hat. Quark, Haselnüsse und die vorbereiteten Himbeeren – einige davon zum Garnieren zurückbehalten – daruntermischen und mit Himbeergeist aromatisieren. Sahne mit Vanillinzucker steif schlagen und darunterheben. Nach Geschmack süßen und das Dessert auf Glastellern oder in Cocktailschalen anrichten. Mit den zurückbehaltenen Himbeeren und Tupfen von Schlagsahne garnieren.

Rote Quarkspeise

*Q*uark macht stark«, so heißt eine uralte Bauernregel, und hätte einst nicht Kanana den Quark entdeckt, wären wir wohl nicht stark geworden, zumindest aber ohne die herrlichen Quarkspeisen geblieben, ob sie nun süß oder pikant sind.

Es ist eine uralte Geschichte aus *Tausendundeiner Nacht*, die die schöne Scheherazade ihrem Gebieter erzählt, um ihn bei guter Laune zu halten. Kanana trifft Vorbereitungen für eine lange Reise. Er weiß, daß ihn bei der großen Hitze der Durst quälen wird, und füllt, wie schon so oft, seinen neuen getrockneten Schafsmagen mit Ziegenmilch. Am ersten Tag hat er es eilig, seine karge Mahlzeit – getrocknete Datteln und Ziegenmilch – zu sich zu nehmen. Sein Weg ist weit, und er muß unbedingt vor Einbruch der Dunkelheit seinen Schlafplatz erreichen. Erschöpft und sehr durstig setzt er sich endlich nieder und freut sich auf die Ziegenmilch im Schafsmagen. Dann aber erschrickt er, denn statt der erquickenden Milch kommt nur eine wäßrige Flüssigkeit heraus. Kanana

schneidet die Haut des Schafsmagens auf und entdeckt eine ihm unbekannte gelbweiße Masse. Nicht nur von Hunger und Durst geplagt, sondern auch von Neugier getrieben, kostet er davon. Und welch ein Wunder – die verzauberte Ziegenmilch schmeckt vorzüglich. Was aber war die Ursache der Verwandlung? Es gab nur eine Erklärung: Der Schafsmagen war wohl noch nicht ganz trocken gewesen, als er ihn füllte, und die Feuchtigkeit hatte die Milch zersetzt.

Ja, so wird es wahrscheinlich gewesen sein. Was aber Kanana damals noch nicht wissen konnte: Er hatte das Lab entdeckt, das die Milch gerinnen und als Produkt den Quark hatte entstehen lassen.

Seit Jahrtausenden wird der Quark von den Nomaden des Orients und von den Völkern des Ostens hoch geschätzt. Heute sind jedoch die Deutschen die fleißigsten Quarkesser der Welt. Und wenn dann noch diese herrliche rote Quarkspeise, eine sahnige Köstlichkeit, auf den Tisch kommt, dann können wir mit Voltaire sagen: »Eine gute Köchin ist ein göttliches Wesen!«

3/4 kg rote Rüben
Salzwasser
3/4 l Würfel- oder Fleischbrühe
400 g süße Sahne
1 Knoblauchzehe
Salz
Pfeffer
Koriander
1 Prise Zucker
2 EL Crème fraîche

Rote Rüben unter fließendem Wasser abbürsten, in kochendes Salzwasser legen und 70–90 Minuten kochen. Dann abschrecken, schälen, in kleinere Stücke schneiden und im Mixer pürieren. Mit Brühe und Sahne auffüllen, erhitzen und mit dem Saft der zerdrückten Knoblauchzehe, Salz, Pfeffer, Koriander und Zucker würzig abschmecken. Mit Crème fraîche garnieren.

Rote-Rüben-Rahmsuppe

»erscht wird gsuppt« ist eine Redensart, die besagt, daß mit der Suppe das Essen beginnt. Bei Immanuel Kant, dem großen Philosophen, war es Brauch, daß sein alter Diener zur Mittagszeit das Studierzimmer mit diesen Worten betrat: »Die Suppe ist auf dem Tisch.« Sie ist der Anfang und nicht, wie bei den Chinesen, das Ende. Kenner schätzen die Rote-Rüben-Rahmsuppe sehr, aber frische rote Beten, die Sie hier unbedingt verwenden sollten, gibt es nur im Winter. Der intensiv rote Saft der kugelrunden Rübe ist sehr gesund. Bei Stoffwechselstörungen und Blutarmut wird er empfohlen. Ein Grund mehr, die Suppe im Winter ab und zu auf den Tisch zu bringen. Sie ist nicht nur wohlüberlegt gewürzt, sondern erfreut mit ihrem hübschen weißen Crème-fraîche-Häubchen auch das Auge. Als Einlage können kleine Fleischstückchen dienen. Je nachdem, wie viele es sind, werden sie möglicherweise wie einst im Mittelalter oder ein Zeichen von Großzügigkeit oder Geiz gewertet. Es steht also bei Ihnen, zu vermeiden, daß man vergeblich nach den Fleischstückchen fischt. Das könnte sonst Folgen haben. An einer gräflichen Tafel nämlich hat ein Fürst seinen Kammerdiener, ihm die Stiefel auszuziehen. Der Tischnachbar sah ihn fragend an und erhielt die Antwort: »Ich will in den Teller springen, um das Fleischstückchen zu fangen!«

Für den Saumagen:
700 g Saumagen, vom Fleischer vorbereitet
Salz, 1 Zwiebel
1 Bund Petersilie
40–50 g Butter
2 alte Brötchen
250 g Schweinebauch ohne Schwarte
125 g geräucherte Schinkenwurst
250 g gemischtes Hackfleisch
150 g Kalbsbrät, 2–3 Eier
Pfeffer, geriebene Muskatnuß
Majoran oder etwas Knoblauch
Salzwasser

Zum Garnieren:
Tomatenviertel, Eischeiben

Den Saumagen gut waschen, innen und außen salzen und nochmals gründlich waschen. Zwiebel und Petersilie fein wiegen und in der heißen Butter kurz dämpfen. Brötchen einweichen, ausdrücken, klein zerpflücken und dazugeben. Schweinebauch und Schinkenwurst in kleine Würfel schneiden. Hackfleisch mit dem Kalbsbrät gut vermischen. Das Zwiebel-Brötchen-Gemisch, Schweinebauch- und Schinkenwurstwürfel sowie die Eier daruntermengen. Mit den Gewürzen abschmecken und vorsichtig in den Saumagen füllen. Dieser darf nicht zu prall sein, da er sonst beim Kochen platzen könnte. Magenöffnungen zubinden. Saumagen in reichlich Salzwasser 3 Stunden mehr ziehen als kochen lassen. Während der Garzeit öfters drehen.

Gegarten Magen in Scheiben schneiden. Diese nach Belieben warm, kalt oder kurz angebraten mit Tomatenvierteln und Eischeiben anrichten. Wenn Sie auf jede Scheibe des Saumagens noch recht viele geröstete Zwiebelstückchen geben und einen schwäbischen Kartoffelsalat dazu servieren, dann lacht des Schwaben Herz. Der gefüllte Saumagen eignet sich übrigens gut zum Einfrieren.

Saumagen auf schwäbische Art

Schon für die Germanen war das Schwein ein Glückstier. Auch für uns ist es noch heute in der Silvesternacht das Glückssymbol für das neue Jahr. Er hat Schwein gehabt, sagt man von einem, der einer schwierigen Lage gerade noch entkommen ist.

Den Albbauern hat das Schwein vor Jahrhunderten gewiß kein Glück gebracht. Sie züchteten Schweine, aber nicht für sich selbst, sondern für ihre Herrschaft. Fünfzig Jahre mußte ein Bauer alt werden, bis er sein eigenes Schwein schlachten konnte. Diese Verordnung war hart. Leben und Arbeit waren ohnedies schwer bei dem steinigen Boden, die Familien groß, und hungrige Kinder wollen etwas zu essen haben. So war es nur allzu verständlich, daß dieser Schlachttag zum 50. Geburtstag gefeiert wurde. Aber zu einer mehr als dünnen Metzelsuppe reichte es trotz allem nicht. Viel später erst, im 19. Jahrhundert, dichtete dann Ludwig Uhland, der selbst ein Liebhaber von Schweinefleisch war, sein Metzelsuppenlied, in dem es heißt:
»Wir haben heut' nach altem Brauch

ein Schweinchen abgeschlachtet. Der ist ein komisch ekler Gauch, der solch ein Fleisch verachtet.«

Unser gefüllter Saumagen hätte bestimmt den Geschmack des Dichters getroffen.

Zu Uhlands Zeit regierte König Wilhelm I. von Württemberg. Dessen Leibarzt, Staatsrat Wilhelm von Ludwig, hatte sehr viel Sinn für Humor und gesunden Mutterwitz. Als er vom König wegen Leibschmerzen gerufen wurde, diagnostizierte er: »Ja, Majestät, da gehört schon ein königlicher Saumagen dazu, um so viel ertragen zu können.« Zurück zu unserem bürgerlichen Saumagen. Wer Knoblauch nicht mag, tut gut daran, die Fülle wie empfohlen mit Majoran zu würzen. Schon die alten Araber liebten Duft und Aroma dieses Krautes und gaben ihm den Namen Marjamie, was »das Unvergleichliche« bedeutet.

1 kg Spargel
Salzwasser, 1 Prise Zucker

Für die Sauce:
30 g Stärkemehl, 1/2 l Brühe
2 Petersilienstengel
80 g Butter, 2 Eigelb
100 g süße Sahne
200 g Krabben oder Shrimps
Salz, Pfeffer

Für die grünen Flädle:
150 g Mehl, 2 Eier
Salz, 3 EL Kleingehackte Petersilie
1/4-3/8 l Milch
Fett zum Backen

Spargel waschen, sorgfältig schälen, nach Entfernen der holzigen Enden bündeln. Spargelschalen in Salzwasser, dem eine Prise Zucker beigefügt wurde, 10 Minuten kochen und durchsieben. Spargelbündel in den Sud einlegen und 30-40 Minuten garen. Vor dem Anrichten abtropfen lassen und die Fäden entfernen.

Für die Sauce Stärkemehl mit etwas kalter Brühe anrühren. Übrige Brühe mit Petersilienstengeln und Butter zum Kochen bringen, mit dem angerührten Stärkemehl binden. Eigelb mit Sahne verquirlen, unter die Sauce rühren, erhitzen, aber nicht mehr kochen lassen. Petersilie herausnehmen, Krabben oder Shrimps darunterrühren und mit Salz und Pfeffer abschmecken. Die Sauce in der Mitte der auf einer vorgewärmten Platte angerichteten Spargeln verteilen.

Für die grünen Flädle Mehl, Eier, Salz, Petersilie und Milch zu einem glatten Teig verrühren. Im heißen Fett dünne Flädle ausbacken und zusammen mit neuen Kartoffeln zu den Spargeln servieren.

Schlemmer-spargel mit Krabben und grünen Flädle

»Bis Johanni nicht vergessen, sieben Wochen Spargel essen.« Welche Köstlichkeiten warten in dieser Zeit auf uns! Ein Spargelessen mit den passenden Gaumenfreuden, mit Krabben oder kernigem Schinken, mit einer sahnigen Sauce und den begehrten Flädle, ist ein Festessen für den Genießer. Davon war schon der deutsche Botaniker Bock im Jahre 1551 überzeugt, als er überschwenglich äußerte, daß Spargel eine liebliche Speise für Leckermäuler sei. Bald danach begann der gezielte Spargelanbau mit neuen Zuchtsorten. Durch den Gehalt von Asparagin ist der Spargel nicht nur eine Delikatesse, sondern auch ein Heil- und Schönheitsmittel. Über seine entschlackende Wirkung wußten schon die alten Ägypter Bescheid. So ist er auch als wohlschmeckendes Schlankheitsmittel beliebt.

Neben dem Bleichspargel gibt es noch den zartvioletten und den grünen Spargel. Letzteren schätzten schon die Römer wegen des feinen Aromas besonders. Heutzutage wird der grüne Spargel in den Mittelmeerländern, in Frankreich und Amerika wegen seines würzigen Geschmacks dem Bleichspargel vorgezogen. Spargeln sind kalorienarm. Hundert Gramm haben nur etwa 20 Kilokalorien oder 90 Kilojoule. Sie enthalten die Vitamine A, B und C und wichtige Mineralstoffe wie Kalzium, Eisen und Kalium. Junger grüner Spargel ist sehr zart. Schneiden Sie deshalb nur das holzige Stück am unteren Ende ab. Dickere und ältere grüne wie auch weiße Spargeln müssen ganz geschält werden. Am leichtesten geht es mit einem Spargelschäler. Wenn der Spargel richtig geschält ist, sollte er feucht glänzen.

500 g Mehl
30 g Hefe
1/4 l lauwarme Milch
75 g Zucker
180 g weiche Butter
4 Eier
30 g kleingehackte Haselnüsse
1 Prise Salz
75 g Schokoladentröpfchen (Fertigprodukt)
einige abgezogene Mandeln
Kirschwasser oder Himbeergeist
100 g Schokoladenfettglasur

Mehl in eine Schüssel geben. In die Mitte eine Vertiefung eindrücken, zerbröckelte Hefe, Milch, 1 Teelöffel Zucker hineingeben und zu einem Vorteig verrühren. Zugedeckt an einem warmen Ort etwa 15 Minuten gehen lassen. Butter in kleineren Stücken, restlichen Zucker, Eier, Haselnüsse, Salz und zuletzt die Schokoladentröpfchen dazugeben und den Teig so lange schlagen, bis er Blasen wirft.

Eine Gugelhupfform gut mit Butter oder Margarine fetten, Teig einfüllen und zugedeckt nochmals etwa 30 Minuten gehen lassen. Gugelhupf im vorgeheizten Backofen auf der unteren Schiene (Elektroherd 200° C, Gasherd Stufe 3) 45–50 Minuten backen.

Kuchen kurz abkühlen lassen, auf ein Gitter stürzen. Mit Kirschwasser oder Himbeergeist beträufeln, mit der Glasur überziehen und mit den Mandeln verzieren.

Schokoladengugelhupf

Im Schwabenland gab es früher nur sonntags einen Kuchen und die Woche über nur dann, wenn vom Sonntag noch etwas übriggeblieben war. Das war dann oftmals ein Gugelhupf, der nicht nur ein im süddeutschen Raum beliebter Napfkuchen aus Hefe- oder Rührteig ist, sondern auch in Österreich, der Schweiz und im Elsaß gern gegessen wird. Wie Funde von Kuchenformen in römischen Provinzen beweisen, muß es ihn schon im 3. und 4. Jahrhundert n. Chr. gegeben haben. Zu dieser Zeit wurde er in einer gugelhupfähnlichen Form aus Bronze gebacken.

Mancher Schwabe tunkt gelegentlich noch seinen Gugelhupf, der häufig um Rosinen und Mandeln bereichert wird, mit Begeisterung in eine große Kaffeeschüssel, was nicht immer angenehm auffällt. Doch lassen wir ihn, es ist nun einmal hier so Sitte. Gugel, Gugele oder Kugel leitet sich vom lateinischen *Cucullus* ab. Das war eine Kapuze mit Schulterkragen, die schon im Mittelalter von Männlein und Weiblein von bürgerlichem wie adligem Stande getragen wurde.

In der ersten Hälfte des 15. Jahrhunderts entwickelten sich daraus zahlreiche Kopftrachten.

In jenem Jahrhundert residierte auch Graf Eberhard im Bart in Urach. Er rief die »Brüder vom gemeinsamen Leben« (ein offener Orden) vom Niederrhein nach Urach und ließ ihnen den Mönchshof erbauen. Man nannte diese Ordensleute auch die Gugelherren, weil sie eine Mütze aufhatten, die nach oben bauchig wurde und wie eine Gugel aussah. Unser Kuchen soll seinen Namen von dieser Kopfbedeckung erhalten haben.

Wie Schiller sind wir der Schokolade zugeneigt und lassen uns gerne durch das darin enthaltene Theobromin anregen, weshalb wir mit Vergnügen diesen Schokoladengugelhupf backen.

Schwabenteller mit Kräutersalat

Für den Schwabenteller:
1 kg gekochte Kartoffeln, 60 g Fett
400 g grobe Landleberwurst, 1 Zwiebel
2 EL kleingehackte Petersilie, Salz, Pfeffer
geriebener Meerrettich, 4 EL Weinbrand

Für den Kräutersalat:
1 Kopfsalat, 2–3 Zwiebelröhrchen
feingehackte Würzkräuter (Borretsch,
Petersilie, Schnittlauch, Zitronenmelisse,
Dill oder Sauerampfer)
Selleriesalz, Pfeffer, 1 Prise Zucker
3 EL Essig, 3 EL Öl

Zum Garnieren des Salats:
50 g Rauchfleisch, 30 g Brunnenkresse

Kartoffeln schälen, in Scheiben oder kleine Würfel schneiden und in 40 g heißem Fett knusprig braten.
Die Haut der Lebenwurst entfernen, die Wurst in kleinere Stücke schneiden. Restliches Fett in einem Topf erhitzen, Zwiebel fein würfeln, mit der Petersilie glasig dünsten, Lebenwurst dazugeben, etwa 5 Minuten bei geringer Hitze mitdünsten. Ab und zu umrühren. Nach Geschmack mit Salz, Pfeffer, geriebenem Meerrettich und Weinbrand würzen und unter die Kartoffeln mischen.

Den Schwabenteller mit Kräutersalat servieren. Dazu die Salatblätter waschen, trockenschleudern und zerkleinern. Zwiebelröhrchen in feine Ringe schneiden, mit den Würzkräutern zu den Salatblättern in eine Schüssel geben. Aus Selleriesalz, Pfeffer, Zucker, Essig und Öl eine Salatsauce rühren, über die Salatzutaten gießen und daruntermischen. Rauchfleischstreifen darüber verteilen und mit Brunnenkresse garnieren. Dazu die Stiele der Brunnenkresse abschneiden, Kresse mit kaltem Wasser kurz abspülen und mit einem Küchenhandtuch trockenschleudern.

Eine schwäbische Spezialität, die die Urgroßmutter schon kannte, ist die *Schärretse*. Ein Gericht, bei dem alle Reste zu einem oft recht passablen Essen zusammengekratzt wurden und das immer dann auf den Tisch kam, wenn Schmalhans Küchenmeister war oder auch sonst gespart werden sollte. Es kam auf die Würze an, und hier war die Schwäbin schon immer erfinderisch, machte aus der Not eine Tugend und verstand selbst aus Übriggebliebenen immer wieder etwas Neues auf den Tisch zu bringen. Sie meisterte es mit einem gewissen Humor, den man im Leben ab und zu einmal haben muß, ganz nach der Devise Wilhelm Buschs: »Enthaltsamkeit ist ein Vergnügen an Dingen, welche wir nicht kriegen.« Nun gibt es aber heute schwäbische Wirte, die aus einer Schärretse ein überraschend gut schmeckendes Gericht zaubern können. Das Ganze nennt sich Schwabenteller, mancherorts auch etwas einfacher Bauernschmaus, und besteht aus Röstkartoffeln und grober Landleberwurst. Würzen Sie vorsichtig mit Meerret-

tich, denn das Aroma des Weinbrandes sollte nicht überdeckt werden. Für den Salat können Sie anstelle der Zwiebelröhrchen auch Lauch verwenden, von dem wenige wissen, wie gut er für unsere Gesundheit ist. Kaiser Nero, der griechische Arzt Dioskurides und viel später auch Karl der Große propagierten seinen Anbau. Außerdem rät uns Eugen Roth: »Zu rüstigem Alter führt der Lauch. Bleib treu ihm bis zum letzten Hauch.«

Für die Spätzle:
500 g Mehl, 4–6 Eier, 1 1/2 TL Salz
1/4–1/2 l Wasser, Salzwasser

Für das Fleisch:
4 kleine Scheiben Schweinefilet
4 kleine Scheiben Kalbsfilet
4 kleine Scheiben Rinderfilet
schwarzer Pfeffer (Mühle)
60 g Butter oder Margarine
3/8 l Sahne, 5 EL Tomatenmark
1 Schuß Rotwein (Trollinger)
geröstete Zwiebelringe

1–2 EL grobgehacktes Basilikum
zum Garnieren

Für die Spätzle Mehl, Eier, Salz und Wasser in eine Schüssel geben, zu einem glatten Teig verrühren und so lange schlagen, bis dieser Blasen wirft und sich von der Schüssel löst. Portionsweise Teig auf ein nasses Spätzlesbrett geben und mit einem breiten Messer dünne Teigstreifen in das kochende Salzwasser schaben. Sobald die Spätzle hochsteigen, sie mit dem Siebjöffel herausnehmen, kurz in heißem Wasser schwenken und gut abgetropft auf eine vorgewärmte Platte geben. Warm stellen.
Für das Fleisch Filetscheiben mit Küchenkrepp trockentupfen, Pfeffer gleichmäßig darauf verteilen und das Fleisch in 40 g heißer Butter oder Margarine auf jeder Seite etwa 3 Minuten anbraten. Aus der Pfanne nehmen und ebenfalls warm stellen. Sahne mit Tomatenmark verrühren, zum Pfannenfond geben und einige Minuten kochen. Sauce mit einem Schuß Trollinger verfeinern. Restliche Butter erhitzen, über die Spätzle geben. Filetsteaks darauf anrichten, geröstete Zwiebelringe darauf verteilen und die Sauce darüber gießen. Mit Basilikum garnieren.

Schwabentopf

Warum die Schwaben so viel und so gerne Spätzle essen, ist einfach damit zu erklären, daß es eben nichts Besseres gibt. Befinden sie sich als in Begleitung von Fleisch und einer guten Sauce, *isch dr Kittel gflickt.*
Heinz Eugen Schramm gibt in seinem Buch *Typisch Schwäbisch* folgende Erklärung:
»Es pflegen die waschechten Schwaben/die Spätzle von Hand noch zu schaben./Vom Brettle ins Wasser,/das ist was für Prasser./Selbst Hölderlin wollt' es so haben.«
Apropos Saucen – sie sind der Triumph des guten Geschmacks, nicht nur bei Balzac, sondern auch in der schwäbischen Küche. Aber um die braune Mehltunke, die sich früher mit trübem Blick zu den Spätzle schleppte, wird schon lange ein großer Bogen gemacht. Sauce – das ist wichtig – muß reichlich vorhanden sein. Dem kann mit der doppelten Menge der Zutaten auf Wunsch schnell nachgeholfen werden. Wenn dann zum Schluß der Saucenrest mit einem Stückchen Brot vom Teller aufgenommen wird, so beweist das nur, daß die Sauce gut, wenn nicht sogar ausgezeichnet war.
Der Schwabentopf stimmt jeden Griesgrämigen milde und versöhnlich, und mit dem so echt schwäbischen Stoßseufzer: »Gott erhalt' mir mei' Gsondheit ond meim Weib sei' Arbeitskraft, damit i recht oft Spätzle krieg'«, ist die Welt für ihn wieder in Ordnung.

1 feingewiegte Zwiebel
50 g Butter
200 g Holzofenbrot
1 gute Fleisch- oder Wurstbrühe
2 Lebenwürste
1 Griebenwurst
Salz
Pfeffer
geriebene Muskatnuß
50 g Rauchfleischwürfel

Zwiebelstückchen in der heißen Butter hell rösten und aus der Pfanne nehmen. Brot in kleinere Würfel schneiden und im Pfannenfond unter ständigem Wenden anrösten. Brühe erhitzen, Lebenwürste darin nicht nur heiß werden, sondern auch platzen lassen. Die Griebenwurst ohne Haut in kleine Stücke schneiden und dazugeben. Die Suppe würzig mit Salz, Pfeffer und Muskat abschmecken. Brotwürfel einlegen. Suppe anrichten und Zwiebel- und Rauchfleischwürfel darauf verteilen.

Schwäbische Brotsuppe

In seinem Buch *Vom Geist der Kochkunst* schreibt Carl Friedrich von Rumohr: »Die Brotsuppe ist wohl die einfachste, wenn nicht selbst die älteste aller Suppen, deren Erfindung dem neueren Italien anzugehören scheint, denn Suppe kommt von dem italienischen Bewort *zuppo, zuppa*, welches sich auf schwammige Körper bezieht, die eine beliebige Feuchtigkeit eingesogen haben. Auf italienisch heißt bis auf die Stunde nur die Brotsuppe *zuppa*, alle anderen Suppen nennt man *minestre*, was soviel bedeutet als Brei oder Mus. Alles dieses berechtigt mich, die Brotsuppe als die Ursuppe zu betrachten und jeder anderen voranzustellen.«

Eine habhafte Grundlage dazu war in ländlichen Gegenden in Schwaben die Kesselbrühe (*Metzelsupp*) der Hausschlachtung mit ihrem unverkennbaren Geschmack.

In der Münsinger Gegend war es früher sogar Sitte, daß Nachbarinnen eine Frau, die zu Hause ein Kind zur Welt gebracht hatte, mit dieser Metzelbrüh-Brotsuppe versorgten. Man nannte sie Kindbettsuppe. Sie sollte zur schnellen Rekonvaleszenz der Mutter beitragen.

In anderen Gegenden aß man zur Brotsuppe Schalkartoffeln aus der Hand. Zimperlich war der Schwabe bekanntlich nie. Wenn Not am Mann war, wurde die Suppe auch nur mit Wasser gekocht. Der Name Bettelmannssuppe, Bettlersuppe oder auch Spitalsuppe war dann gerechtfertigt. Es war eine *blinde Suppe* ohne Fettaugen, die nicht viel Kraft gab und von der man in Ulm sagte: »*Des isch a Spitalsupp.*«

In diesem Zusammenhang erinnere ich mich an folgende Anekdote: In einem Weinwirtschäftle sagte ein Gast zum Wirt, das sei heute einmal wieder eine stolze Suppe. Der Wirt konnte sich darauf keinen Reim machen und meinte: »Nicht wahr, die Suppe ist doch ausgezeichnet?« Darauf noch einmal der Gast: »Stolz, sehr stolz – sie guckt mich mit keinem Auge an.«

Nun, unser wiederentdecktes Süpple mit den Leber- und Griebenwürsten darin hätte ihm sicher geschmeckt, denn hier hätten ihn ohne Zweifel ein paar recht hübsche »Augen« angeguckt.

Für den Nudelteig:
350 g Mehl, 1 Prise Salz
3 Eier, 1 TL Öl

Für die Füllung:
1/2 Brötchen
75 g durchwachsener Speck
1 kleine Zwiebel, 2 Stangen Lauch
20 g Butter, 250 g frischer Spinat
1 EL feingewiegte Petersilie
100 g Bratwurstbrät, 250 g Hackfleisch
Salz, Pfeffer, geriebene Muskatnuß

Eiweiß zum Bestreichen
Fleischbrühe
Petersilie

Mehl und Salz in eine Schüssel geben, vermischen, Eier nach und nach mit dem Öl darunterrühren und alles zu einem festen Nudelteig verarbeiten. Auf dem Backbrett dann so lange kneten, bis der Teig beim Durchschneiden Blasen zeigt. Zugedeckt etwa 2 Stunden ruhen lassen.

Für die Füllung Brötchen einweichen, ausdrücken. Speck und Zwiebel in möglichst kleine Würfel schneiden oder im Mixer pürieren, Lauch in dünne Ringe schneiden. Alles in der Butter glasig dünsten. Spinat waschen, mit heißem Wasser überbrühen und abgetropft kleinhacken. Diese Zutaten mit der Petersilie unter das mit Bratwurstbrät vermischte Hackfleisch mengen und würzig abschmecken.

Maultaschenteig in 4 Stücke teilen und diese nacheinander sehr dünn ausrollen. Dann in Quadrate mit etwa 8 cm Seitenlänge schneiden. Teigränder mit Eiweiß bestreichen. Fülle gleichmäßig auf die Teigstücke streichen, diese zusammenklappen und die Ränder fest andrücken. Maultaschen in kochende Fleischbrühe einlegen und 10–12 Minuten bei geringer Hitze kochen lassen. Sobald sie hochkommen und an der Oberfläche schwimmen, sind sie fertig. Mit Petersilie bestreut in der Brühe anrichten.

Schwäbische Maultaschen

in ganz berühmter Schwabe hat einmal gesagt: »Ein Leben ohne Maultaschen ist wie die Erde ohne Sonne!« Maultaschen haben nicht nur eine lange Tradition, sondern auch eine weltweite Verbreitung, denn überall, wo sich Schwaben ansiedelten, gibt es auch Maultaschen. Vielleicht sind sie wirklich eine geniale schwäbische Erfindung oder nur eine Variante der italienischen Ravioli. Darüber wird seit langem und erfolglos gestritten. Immerhin könnte einer der Staufer-kaiser das Rezept von einem Kriegszug nach Italien mitgebracht haben, wenn es nicht ganz einfach Handelsreisende waren. Oder haben gar die Italiener ihre Ravioli bei den Schwaben abgeguckt? Sicher ist, daß sämtliche Diskussionen und Meinungsverschiedenheiten von Tisch sind, wenn Maultaschen serviert werden. Während wir Schwaben die Maultaschen auch als *Herrgottbescheißerle* bezeichnen, weil man alles Gute in den Taschen verstecken und sie als Fastenspeise reichen kann, soll es ganz vornehme Leute geben, die von »Mundtäschchen« sprechen. Man weiß zwar im Ländle, was damit gemeint ist, wird aber bei einem solchen G'schwätz *kreuznarret*. Fast jede Familie hat für die Füllung ihr eigenes Rezept, jüngere Hausfrauen sehen hier eine Möglichkeit, Althergebrachtes mit Modernem zu verbinden. So gibt es beispielsweise Maultaschen geröstet, geschmälzt mit Zwiebeln, in saurer Sauce, ähnlich wie die Kartoffelrädle, in Krautersahne mit Käse überbacken, in Gulaschsauce mit frischen Champignons, in Senfrahmsauce, in Paprikarahm, auf Filderkraut mit Zwiebelschmelze, mit gehackten, frischen Tomaten und gekochten Schinkenstreifen oder mit Mandelbutter gebraten. Vielfach wird das Innenleben neu ausgestattet. Dann werden die Taschen mit Kalbsbries, mit Forellenmus, Steinpilzen oder mit Käse und Nüssen, und wenn es einmal etwas ganz Ausgefallenes sein soll, mit Schnecken gefüllt. Sehr zu empfehlen ist auf jeden Fall, eine größere Menge Maultaschen zuzubereiten und die nicht benötigten einzufrieren.

300 g Schinkenwurst
200 g dunkler Schwartenmagen
oder Schwartenwurst
1 Bund Radieschen oder
50 g Backsteinkäse (Limburger Käse)
1 große Zwiebel
1/4 Knoblauchzehe
1 EL Kräutersenf
5 EL Kräuteressig
1 EL Sonnenblumenöl
1 Bund Schnittlauch
Salz, Pfeffer

Zum Garnieren:
Tomatenviertel oder 1 hartgekochtes Ei

Haut von der Wurst entfernen. Beide Wurstsorten in Würfel oder Stifte, Radieschen in Scheiben, Käse in kleine Stücke und Zwiebeln in Ringe schneiden. Alles in eine mit Knoblauch ausgeriebene Schüssel geben. Senf mit Essig und Öl zu einer Marinade verrühren, den in Röllchen geschnittenen Schnittlauch dazugeben und mit Salz und Pfeffer abschmecken. Marinade über die Salatzutaten gießen und daruntermischen. Der Salat schmeckt besonders gut, wenn man ihm etwas Zeit zum Ziehen läßt und ihn erst kurz vor dem Servieren mit den Tomaten- oder Eivierteln garniert.

Schwäbischer Vespersalat

*Schwob braucht halt dreimal sei Esse am Tag / und vier guate Veschper, sonst schlot-*tert sei Mag'«, reimte einmal August Reiff, der es wissen mußte. Hand aufs Herz – wen gelüstet es nicht manchmal nach etwas Handfestem, Würzigem und Herzhaftem? Wurst und Käse stillen diesen Heißhunger. Zusammen mit einer warmen, knusprigen Laugenbrezel und einem Viertele oder, wenn es sein muß, einem Glas Bier, ergeben sie ein Vespervergnügen ganz nach schwäbischer Art. Salat ist ein Gericht mit unendlich vielen Zubereitungsmöglichkeiten. Es handelt sich um ein gesalzenes Mischgericht, ein würziges Durcheinander, das seit der Antike mit Essig, Öl, Salz und Würzkräutern angemacht wird. So hat es auch in die griechischen Mythen Eingang gefunden. Die alten Götter Griechenlands ernährten sich von drei Speisen: Nektar, Ambrosia und Salat. Eine Salatdiät soll das griechische Heer, als es vor Troja lag, vor der Pest bewahrt haben. Ärzte der Antike, wie Hippokrates und Dioskurides, empfahlen Salatkost bei Erregungszuständen,

weil von ihr eine besänftigende Wirkung ausgehe.

Im 18. Jahrhundert war Frankreich führend im Salatmischen. Und ein bekanntes kastilisches Sprichwort bringt es auf den Punkt: »Nimm einen Verschwender für das Öl, einen Geizhals für den Essig, einen Weisen für das Salz, einen, der mit Geduld die Kräuter verliest, und einen Narren, der alles vermischt.«

Salatkünstler reiben, ehe sie an das Werk des Mischens gehen, die Salatschüssel mit einem Stück Brot aus, das leicht mit einer Knoblauchzehe in Berührung kam.

Nichts schmeckt schlimmer als ein versalzener oder übersäuerter Salat. Wie muß er geschmeckt haben, als man ihn hier auf dem Lande mit saurem Milch- oder Krautwasser angemacht hat! Trotzdem soll ein schwäbischer Rabenvater es damals noch fertiggebracht haben und zu sagen: »Des isch ebbes Args, was i Wurscht esse maaß, bis meine fenf Kender von dr Haut satt werdet!«

2 ausgenommene Forellen
Salz
knapp 3/4 l Wasser
1/4 l Riesling
1 Schuß Essig
1 Fleischbrühwürfel
2 EL Senf
1 grobgewürfelte Zwiebel
100 g Schwarzwälder Schinken
20 g Butter
1/8-1/4 l Sahne
2 EL kleingehackte Petersilie

Forellen sorgfältig waschen, so daß die Haut nicht verletzt wird. Innen leicht salzen. Wasser und Wein mit einem Schuß Essig, dem Fleischbrühwürfel, Senf und den Zwiebelstücken zum Kochen bringen, Forellen einlegen und bei ganz geringer Hitze 8 Minuten ziehen lassen. Forellen herausnehmen, Filets ablösen und in kleinere Stücke schneiden. Zwiebelstücke aus der Brühe nehmen, Schinken in kleine Würfel schneiden, in heißer Butter kurz rösten und zu der Brühe geben. Sahne einrühren, Forellenstücke einlegen, die Suppe anrichten. Zuletzt die Petersilie darüber streuen.

Schwarzwälder Forellensüpple

Von der Forelle habe ich schon an anderer Stelle erzählt, nicht aber von einem Süpple, dessen Hauptingredienz dieser Fisch ist. Ohne sie geht es nicht. Phantasie und Freude am Improvisieren haben zu dieser Schöpfung beigetragen. Das Süpple löst die Zunge, eine Erkenntnis, aus der die Politik seit eh und je diplomatischen Nutzen gezogen hat. Die Franzosen beispielsweise widmen sich mit Vorliebe der allgemeinen Unterhaltung bei Tisch und meinen, daß eine Suppe dafür die besten Voraussetzungen bietet.

Es gibt die unterschiedlichsten Meinungen darüber, wie man eine Suppe richtig ißt. In einem Büchlein des Klosters Biersfeld aus dem 15. Jahrhundert kann man etwa den folgenden Ratschlag lesen: »Die Suppe trink nicht vom Teller, sondern iß sie mit dem Löffel, und nicht laut, wie ein Kalb schlürft, sondern leise wie eine Jungfrau.« »Man brauchte aber einen Löffel zum Suppenessen. Im Heiligen Römischen Reich Deutscher Nation hieß er bezeichnenderweise »Schwabenlöffel«. Apropos Löffel – er ist mit Sicherheit nach den Fingern das älteste Eßgerät. Schon vor 5000 Jahren wurden in Ägypten Löffel aus Holz und Stein benutzt. Die Römer brachten ihn aus Metall nach Germanien.

Beim Suppengenießen gilt die Regel, man soll sie nicht zu heiß, aber auch nicht zu kühl, sondern ganz einfach warm essen. Daher die Empfehlung: Essen Sie die Suppe bald, sonst wird sie kalt.

Viele Länder kennen spezielle Fischsuppen. Die Ungarn ihre *Halászlé* mit Fischen aus der Theiss und dem Plattensee, die Russen die *Sterletsuppe* mit gesalzenen Gurken und Klößen und die Franzosen die *Bouillabaisse*, aus vielerlei Fischsorten zubereitet, von der man sagt, eine arme Bauersfrau habe sie erfunden. Und wir schließlich haben nun unser Forellensüpple, die in nichts den anderen Spezialitäten nachsteht.

Für das Schweinefilet:
300 g TK-Blätterteig
500 g Schweinefilet
30 g Butter oder Margarine
Senf, 1 Bund Petersilie
2 Zwiebeln, 1 Eigelb

Für den Wildpflanzensalat:
50 g frische, junge Löwenzahnblätter
50 g junge Brennesselspitzen
30 g Bärlauch, etwas wilder Schnittlauch
2 Frühlingszwiebeln

Für die Salatsauce:
Selleriesalz, Zitronenpfeffer
2–3 EL Öl, 1 EL Zitronensaft

Den Blätterteig nach Vorschrift auftauen. Schweinefilet mit Küchenkrepp abtupfen und im heißen Fett 10 Minuten anbraten. Etwas abkühlen lassen und mit Senf bestreichen. Petersilie waschen, abtrocknen, kleinhacken, Zwiebeln fein wiegen und Blätterteig – etwas davon zum Garnieren zurückbehalten – dünn ausrollen. Petersilie und Zwiebelstückchen darauf verteilen, das Filet darin einwickeln, mit Teigstreifen hübsch garnieren, mit Eigelb bestreichen und im vorgeheizten Backofen (Elektroherd 200° C, Gasherd Stufe 3) ungefähr 20 Minuten zu schöner Farbe backen.

Für den Wildpflanzensalat Blätter verlesen, schlechte entfernen. Die guten Blätter ganz kurz auf einem Sieb überbrausen und, damit sie nicht zusammenfallen, in einem Küchentuch leicht trockenschleudern. Blättchen, Brennesselspitzen, Bärlauch und wilden Schnittlauch kleinschneiden. Zwiebeln schälen, in feine Ringe schneiden und dazugeben.
Für die Salatsauce Zutaten verrühren und mit den Wildpflanzen vermischen.

Schweinefilet in Blätterteig mit Wildpflanzensalat

Der Schwaben Lebenszweck ist keinesfalls Borstenvieh und Schweinespeck, wie es der Zigeunerbaron in der gleichnamigen Operette von den Ungarn behauptet, doch ein Filet oder geräucherter Speck auf einem dunklen Brot sind durchaus willkommen. Schweinefleisch ist vielseitig verwendbar und auch preiswerter als Kalb- oder Rindfleisch. Das gute, lange wild lebende Borstenvieh ist seit Urzeiten in China, Südostasien und Indonesien als Haustier gehalten worden. Zwar gilt bei den Moslems wie bei den Kindern Israels sein Genuß als unrein. Die Germanen haben sich aber in dieser Beziehung nie abstinent verhalten. Wir tun es heute schon gar nicht, zumal es gelungen ist, Schweine mit weniger Fett zu züchten.

Frische Wildkräuter sind im Frühjahr im ganzen Ländle zu finden. Pflücken wir sie doch beim Wandern an Stellen, wo Luft und Felder möglichst sauber sind. So zum Beispiel Brennesseln, die reich an Eisen und Chlorophyll sind, Bärlauch, der in schattigen Wäldern wächst und gepflückt werden sollte, bevor die weißen Blüten aufgehen. Er wirkt entwässernd, wohltuend bei erhöhtem Blutdruck, er reinigt Magen, Darm und Leber. Löwenzahn und Brunnenkresse finden wir ebenfalls reichlich. Die alten Überlieferungen sind wieder modern geworden und feiern kulinarische Urständ.

Für die Spinatsuppe:
500 g frischer Spinat
oder 1 Packung TK-Spinat (400 g)
1 Zwiebel, 3 EL Öl, 20 g Mehl
1 l Fleisch- oder Hühnerbrühe
4 EL Sahne
1 Handvoll frische, junge Brennesselblätter
5–10 g Butter, Kräutersalz, Pfeffer

Für die Kräuterklößchen:
2 Eier, 8 EL Grieß
1/2 TL Kräutersalz
1 Messerspitze geriebene Muskatnuß
1 EL feingewiegte Petersilie
oder Schnittlauchröllchen
Salzwasser

Frischen Spinat gut waschen, abtropfen lassen, etwas ausdrücken und kleinhacken oder im Mixer pürieren. (Tiefgekühlten Spinat nach Vorschrift auftauen lassen.) Zwiebel kleinwürfeln und im heißen Öl hell bräunen. Spinat dazugeben, Mehl darüber stäuben und mit der Brühe auffüllen. Sahne daruntermischen und die Spinatsuppe bei geringer Hitze etwa 10 Minuten köcheln lassen. Brennesselblätter gut waschen, fein wiegen und in der heißen Butter kurz dünsten. Zuletzt unter die Suppe rühren. Mit Salz und Pfeffer abschmecken.

Für die Klößchen die Eier verquirlen, Grieß, Salz, Muskat, Petersilie oder Schnittlauch dazugeben und glattrühren. Mit einem Teelöffel kleine Klößchen abstechen, in Salzwasser einlegen und zugedeckt 10–15 Minuten bei geringer Hitze kochen lassen. Mit einem Sieblöffel herausnehmen und in die Spinatsuppe geben.

Spinatsuppe mit Kräuterklößchen

s besteht keinerlei Grund, sich die seit Jahrtausenden bewährten Suppen vorzuenthalten und dem Suppenkaspar nachzueifern. Schon lange bevor die Menschen seßhaft wurden und Ackerbau betrieben, sammelten sie Pflanzen und Kräuter für Suppen. In großen Familien war die Suppe, die hierzulande gelegentlich auch heute noch in der Schüssel auf den Tisch kommt, häufig ein Hauptnahrungsmittel, mal dicker, mal dünner, eben gerade so, wie es die Haushaltskasse erlaubte. Auch anderswo war man einer guten Suppe nicht abgeneigt. So ist etwa von Ludwig XIV. bekannt, daß er als Ouvertüre seiner doch sehr üppigen Mahlzeiten drei, manchmal auch vier Teller von verschiedenen Suppen gegessen hat. Wenn also der Schwabe der Sage zufolge fünfmal am Tag Suppe ißt, so ist dies, gemessen an Ludwig XIV., noch lange keine Prasserei. Auch Kaiserin Elisabeth von Österreich, genannt Sissi, liebte Suppen über alles, genauso wie der alte Kaiser Wilhelm. Seine Gesundheit und sein hohes Alter verdankte er angeblich den Kraftsuppen, die sein Leibarzt ihm verschrieben hatte. Die Brühe dafür war, sage und schreibe, der Saft von 12 Pfund Rindfleisch, vier Tauben und zwei Hühnern.

Auch Melanchthon war ein leidenschaftlicher Suppenesser. Das ging so weit, daß er in Tübingen, wo er studierte, oft seine Portion Fleisch für einen Teller Suppe tauschte.

Eine gute Suppe, vorweg gegessen, ist heute so aktuell wie eh und je. Die Spinatsuppe regt die Verdauungssäfte an und schmeckt dem Gaumen ebenso, wie sie dem Magen bekommt. Besonders reizvoll ist die Zugabe der jungen, frischen Brennesselblätter. Diese Suppe ist es wert, oft auf den Tisch zu kommen, mit den leckeren Klößchen ist sie rundum gesund und schmackhaft.

4 Kalbsfiletscheiben (je 125–150 g)
40 g Butter
Salz
Zitronenpfeffer

Für die Flädle:
80 g Mehl
1–2 Eier
knapp 1/8 l Bier
je 1 EL Schnittlauchröllchen
je 1 Prise Salz und Pfeffer
Backfett
4 Scheiben Schinken, roh oder gekocht

Petersilie zum Garnieren

Steaks mit Küchenkrepp abreiben, nicht waschen, etwas breit drücken und in der heißen Butter auf jeder Seite 3–4 Minuten braten. Dann erst mit Salz und Zitronenpfeffer würzen. Warm stellen.

Für die Flädle Mehl, Eier und Bier in einer Schüssel zu einem glatten Teig rühren. Schnittlauch und Gewürze dazugeben. In eine Pfanne mit heißem Fett je eine Scheibe Schinken legen und darüber jeweils 1/4 des Teigs geben. Flädle nacheinander auf beiden Seiten ausbacken. Jedes Steak in ein Flädle hüllen und auf einer vorgewärmten Platte anrichten. Mit Petersilie garnieren.

Dazu einen Kopfsalat servieren, der mit in Stifte geschnittenen gelben Rüben, Ananasstückchen und einer Sauce aus Joghurt und Zitronensaft zubereitet wurde.

Stettener Kalbssteak im Eierkittele

bwohl die Schwaben im *Muschterländle* recht fleißig sind, beschränkt sich ihr Denken und Tun doch nicht nur auf *schaffe, spare, Häusle baue*, sondern sie schätzen durchaus auch die Stunden am Spätnachmittag und am Abend in einem renommierten Lokal bei einem typisch schwäbischen Essen und einem Gläsle Wein. Dabei darf es *au amol ebbes Bsonderes sei*, zum Beispiel ein Kalbssteak im Eierkittele. Das Eierkittele ist nichts anderes als ein Flädle, das Besondere am Ganzen ist die Kombination.

Es ist noch gar nicht so lange her, daß ich im Remstal dieses Gericht vorgesetzt bekam. Es schmeckt hervorragend, verblüfft nicht nur durch seine Zusammensetzung, sondern kann auch recht schnell auf den Tisch stehen, ist also bestens geeignet für Gäste, die unverhofft hereinschneien.

Daß man mit Bier auch kochen kann, wußten Sie bestimmt, daß das Getränk aber eine Menge wichtiger Vitamine und Mineralien enthält, vielleicht noch nicht. Schon im 5. Jahrtausend v. Chr. stand Bier in hohem Ansehen und wurde den Göttern als Opfer dargebracht. Tausend Jahre später beherrschte man im Morgenland und in ganz Asien das Bierbrauen, was Tontafeln von Lagasch im südlichen Irak beweisen. Bei den alten Ägyptern war es das Getränk für Arme und Reiche. Nicht nur die Juden, Griechen und Kelten schätzten das gesunde *flüssige Brot*, sondern auch die als recht trinkfest bekannten Germanen.

Später waren es die Mönche, die das Bier durch ihre Braukunst förderten. Wenig bekannt ist, daß auch Friedrich der Große trotz seiner hohen Geburt auf Anweisung seines gestrengen Vaters das Bierbrauerhandwerk erlernen mußte. Damals war es ein ungeschriebenes Gesetz, daß jeder Hohenzoller einen bürgerlichen Beruf erlernen mußte, und da Bier beim Soldatenkönig Friedrich Wilhelm I. am Stammtisch, wo er sich mit seinen Offizieren traf, eine beachtliche Rolle spielte, war der Braumeistertitel für seinen Sohn durchaus willkommen. Daher ist der wohl prominenteste deutsche Brauer weder ein Bayer noch Schwabe, sondern ein typischer Preuße!

Für den Mandelkuchen:
125 g Butter oder Margarine
150 g Zucker
4 Eier
250 g gemahlene Mandeln
1/2 Päckchen Backpulver
50 g Mehl

Für die Glasur:
125 g Puderzucker
2–3 EL Eierlikör
1 EL kochendes Wasser

Schokoladendekorblätter zum Garnieren

Butter oder Margarine mit Zucker und Eigelb schaumig rühren. Mandeln und das mit Backpulver vermischte Mehl darunterrühren. Den steifgeschlagenen Eischnee unterheben. Teig in eine gut gefettete Kastenform füllen und den Kuchen im vorgeheizten Backofen (Elektroherd 175 bis 200° C, Gasherd Stufe 2–3) 50–60 Minuten backen. Kuchen in der Form abkühlen lassen. Danach auf eine Platte stürzen. Für die Glasur Puderzucker, Eierlikör und kochendes Wasser zu einer glatten Masse rühren. Die Oberseite des Kuchens damit überziehen. Mit Schokoladendekorblättern verzieren.

Stuttgarter Mandelkuchen mit Eierlikörglasur

Kommet glei nach 'em Kaffee, no könnet 'r zom Nachtessa wieder dahoim sei«, ist eine Redensart, die mit Humor aufgenommen sein will und keinesfalls ernst gemeint ist. Die sprichwörtliche schwäbische Gastlichkeit wäre sonst ja nur eine hohle Phrase. Es sind gerade die Kuchen, die der schwäbischen Backkunst Glanzlichter aufsetzen. Die Rezepte haben fast alle Tradition, wenn auch heute eigene Ideen hinzugefügt werden. Ein Kuchen, zu dem Mandeln oder Nüsse verwendet werden, gehört zur Kategorie des Feinen, Teuren. Mandeln sind Energiespender, reich an ungesättigten Fettsäuren, können den Cholesterinspiegel senken und haben einen hohen Mineralstoff- und Vitamingehalt. Wenn der Kuchen dann noch in eine Eierlikörglasur eingehüllt wird, kann ihm wohl kaum jemand widerstehen, obwohl – das sei zugegeben – die Sache nicht kalorienarm ist. Damit die Glasur glatt wird, überziehen Sie den Kuchen zuerst mit einer dünnen Schicht, lassen diese trocknen und streichen dann die zweite Schicht auf.

Ottilie Wildermuth, die schwäbische Dichterin und unermüdliche Köchin und Backkünstlerin, die im letzten Jahrhundert in Tübingen lebte, gibt jeder jungen Frau für einen Ehstandskuchen folgenden weisen Rat:
»Verrühre zehn Eier in einer Schüssel-Raum,/heb auf das Weiße der Eier zu einem steifen Schaum./Ein halb Pfund Zucker mußt Du fleißig rühren,/man darf gar wohl das Süße des edlen Ehstands spüren./Acht Loth von süßen Mandeln, vier bittere dazu,/drum heißt man's Ehstandskuchen, die stoße fein in Nu./Zitronensaft und Schale rühr in die Masse ein,/ganz ohne Säure wird selten wohl eine Ehstand sein./Zwölf Loth von feinem Mehle rühr ein mit leichter Hand,/solider Zutat braucht es ja stets zum Ehstand./Am Schluß meng darunter auch noch den steifen Schaum,/zur festen Lebensmasse gehört ein wenig Traum./Und ist er wohl gelungen, so wird er sicher munden./Gib acht, es hat das Süße das Bittre überwunden.«

200 g Linsen
1 Zwiebel
1 Bund Wurzelgemüse
1 1/2 l Fleischbrühe
30 g Butter
15 g Mehl
Salz
Pfeffer
ein paar Tropfen Tabascosauce
100 g geräucherter Speck
2 EL Schwarzbrotwürfel

Linsen verlesen und waschen. Zwiebel und Wurzelgemüse putzen und in kleine Stücke schneiden. Linsen, Zwiebel und Wurzelgemüse mit Fleischbrühe zum Kochen bringen und bei geringer Hitze in ungefähr 60 Minuten weich kochen. Durch ein Sieb passieren. Butter erhitzen, Mehl hell anschwitzen, mit etwas Brühe ablöschen, in das Linsenpüree einrühren, gut durchkochen und mit Salz, Pfeffer und Tabascosauce würzig abschmecken. Tabascosauce ist sehr scharf, deshalb nur einige Tropfen hinzufügen.
Speck in Würfelchen schneiden, kurz erhitzen, die Brotwürfel dazugeben und alles knusprig rösten. Auf der Suppe anrichten.

Tante Gertruds Linsensuppe

Es gibt unendlich viele Arten von Suppen, die Zahl ist nicht zu bestimmen. Darunter sind deftige im Schwabenländle besonders gefragt. *A Linsesupp' isch grad recht.*

Mit dem Salzen muß man allerdings vorsichtig sein. Ein Zuviel des Guten hat manche Redensart geboren. Zum Beispiel: »Ist die Suppe versalzen, ist die Köchin verliebt«, oder: »Gelehrte Frauen und versalzene Suppen sind ungenießbar«. Und hierzu fallen mir die folgenden Verse ein:

»Oft brummt der Pessimist mit Fug,/ die Suppe ist versalzen genug./ Der Optimist, der schnalzt vergnüglich:/ Ja, unser Salz, das salzt vorzüglich.«

Ein alter Volksglaube sagt: »Wer bei der Suppe trinkt, muß im Grabe husten.« Was man sich in die Suppe einbrockte, ist vermutlich nicht immer das Beste gewesen. Daraus entstand das geflügelte Wort »sich eine Suppe einbrocken«. Schiller verwandte es in seinem *Fiesko:* »Daß ihr's wißt, Schurken, ich war der Mann, der diese Suppe einbrockte.« Außer Sprichwörtern rankt sich allerlei Brauchtum um die Suppe.

Eine Braut durfte nur heiraten, wenn sie verstand, Suppen zu kochen. An ihrem Hochzeitstag mußte sie dies unter Beweis stellen und nach einem alten Rezept eine Suppe mit siebenerlei Einlagen selbst zubereiten. Das sollte ihr dann siebenfaches Glück bringen. Oder: Wer von den Brautleuten mit seinem Löffel zuerst in die Suppe fährt, der wird im Hause die Hosen anhaben. Beginnen beide im gleichen Moment mit der Suppe und hören auch zu gleicher Zeit mit ihr auf, dann soll keiner vor dem anderen sterben.

Unsere Linsensuppe ist eine Glückssuppe, und darum ist die am besten, die man sich selbst kocht. Aber das Märchen vom *Flötenspieler im verwunschenen Schloß* möge Sie warnen. Der kochte sich nämlich eine Linsensuppe so lange, bis die Geister mit Getöse durch den Kamin heruntepolterten.

Zurück zu unserer Suppe, die man anstatt mit Tabascosauce auch mit einem Schuß Essig würzen kann. Und wer glaubt, es müßten unbedingt Saitenwürstle dazu gegessen werden, der hat einen so schlechten Geschmack auch nicht!

Tomatencreme-suppe mit Sahne-dickmilch und Backerbsen

Ende August, Anfang September schmek-ken die Tomaten am besten, dann sind sie vollreif, würzig und leuchtend rot. Tomaten schmücken sich mit vielen Namen. Sie heißen Liebesäpfel, Paradiesäpfel oder auch Goldäpfel. Ihre Heimat war einst Peru. Nach der Entdeckung der Neuen Welt kam die Tomate als Zierfrucht zu uns. Erst durch Züchtungsversuche entwickelte sich die saftige, aromatische und vitaminreiche Frucht.

Gegen die im Freiland gezogenen Tomaten kommen die wäßrigen aus den klimatisierten Gewächshäusern nicht an. Auch das verfrühte Pflücken bekommt ihnen nicht. Noch besser und aromatischer als die kugelrunden, gewöhnlich gleichmäßig geformten Fleischtomaten, die die Grundlage dieser Suppe sind, schmecken die ungleichmäßig geformten Fleischtomaten. Oregano und Salbei passen sehr gut zur Tomatensuppe. Der Clou aber ist die Dickmilch. Mit ihr abgebunden wird die raffinierte Suppe aus einfachen Zutaten bekömmlich und cremig mild.

Für die Tomatencremesuppe:
500 g frische, vollreife Fleischtomaten
1 Zwiebel, 1 gelbe Rübe
2 Blatt Staudensellerie
40–50 g Butter oder Margarine
3 EL Mehl, 3/4 l Brühe
je 1 Prise Basilikum und Rosmarin
200 g Sahnedickmilch

Zum Garnieren:
Schnittlauchröllchen, getrockneter Estragon

Für die Backerbsen:
60 g Mehl, 1 Ei
1 TL kleingehackte Petersilie
Salz, 1/10 l Milch, Ausbackfett

Die vorbereiteten frischen Tomaten in Scheiben, Zwiebel und geschabte gelbe Rübe in kleine Stücke schneiden. Zwiebel und gelbe Rübe mit den Sellerieblättern in der heißen Butter anschwitzen, Tomaten dazugeben und durchdämpfen. Mehl darüber stäuben, hell anschwitzen und mit Brühe auffüllen. Gewürze zufügen. Suppe bei geringer Hitze 30 Minuten kochen und durchpassieren. Sahnedickmilch glattrühren und untermischen.

Für die Backerbsen Mehl, Ei, Petersilie, Salz und Milch zu einem glatten Teig rühren und durch ein großlöcheriges Sieb (Salatsieb) in heißes Fett drücken. Backerbsen möglichst in Fett schwimmend zu schöner Farbe backen. Herausnehmen, abtropfen lassen und in die heiße Tomatencremesuppe geben. Mit Schnittlauchröllchen und Estragon bestreut servieren.

Eine Variante: Kräuter und Backerbsen weglassen und dafür auf die Suppe eine geschälte Orangenscheibe legen. Das gibt ihr einen ganz besonderen Charakter.

1 großer Blumenkohl
Salzwasser, Zitronensaft
150 g gekochter Schinken
70 g Butter oder Margarine
1 TL Delikateß-Paprikapulver
Salz, weißer Pfeffer
250 g Crème fraîche
1 EL Weckmehl
2 EL Schnittlauchröllchen

Für die Kartoffellaible:
750 g Kartoffeln, 1 Ei
1 Eiweiß, 3 EL Speisestärke
2 EL geriebener Käse, Salz
1 Eigelb zum Bestreichen

Blumenkohl säubern, in Röschen zerteilen und in Salzwasser, dem ein Schuß Zitronensaft zugefügt wird, in 15 bis 20 Minuten fast weich kochen. Auf einem Sieb abtropfen lassen. Steinpilze putzen, nicht waschen, in dicke Stücke, Schinken in nicht zu feine Streifen schneiden.

40 g Butter oder Margarine in einer großen Pfanne erhitzen, Steinpilze und Schinken dazugeben, alles kurz anschwitzen und mit Paprikapulver, Salz und Pfeffer würzen. Blumenkohlröschen daruntermischen und in eine gefettete Auflaufform geben. Crème fraîche verrühren, darüber verteilen. Gericht im vorgeheizten Backofen 5–8 Minuten (Elektroherd 200° C, Gasherd Stufe 3) gratinieren.

30 g Fett in einer Pfanne erhitzen, Weckmehl dazugeben, hell rösten und über den Auflauf verteilen, Schnittlauch darüber streuen.

Für die Kartoffellaible die Kartoffeln in der Schale garen, schälen und warm durch die Presse drücken. Restliche Zutaten bis auf das Eigelb untermengen. Ovale Laible formen und – wie bei einem Brotlaib – einige Kerben einschneiden. Die Laible mit Eigelb bestreichen und im vorgeheizten Ofen (Elektroherd 200° C, Gasherd Stufe 3) überbacken.

Überbackener Blumenkohl mit Kartoffellaible

Was dem Sonnenkönig Ludwig XIV. sein Uhl war, ist den Schwaben seine Nachtigall. Der Kohl mit der Blume, die im Grunde genommen nichts anderes ist als ein fleischig verdickter Blütenstand, gehört zu seinen favorisierten Gemüsen. Und wenn ihn der Sonnenkönig als Einlage in einer Brühe oder mit einer Buttersauce übergossen liebte, so empfehlen wir Ihnen den Blumenkohl als neue schwäbische Kreation mit Steinpilzen. Man kann natürlich auch Champignons verwenden. Pilze und Schinken verfeinern das Gericht jedenfalls in reizvoller Weise und geben ihm eine besondere Note.

Blumenkohl kommt meist gegart auf den Tisch. Doch verwenden Sie einmal die zarten Röschen vom Frühjahrsblumenkohl roh in einem gemischten Salat oder dippen Sie die Röschen einfach in eine Kräuterquarksauce oder in eine Joghurtmayonnaise. Das ist nicht nur ein Genuß, sondern gleichzeitig ein Beitrag zur ballaststoffreichen Ernährung. Die Mineralstoffe und Spurenelemente, vor allem aber der recht hohe Vitamin-C-Anteil des Blumenkohls bleiben dabei erhalten.

Für die Flädle:
125 g Mehl, 4 Eier, gut 1/8 l Milch
Meersalz, Backfett

Für die Füllung:
1 Paket TK-Spinat (450 g)
Meersalz, Pfeffer, geriebene Muskatnuß

Für die Sauce:
40 g Butter, 1 gewiegte Zwiebel
30 g Mehl, 1/4 l Fleischbrühe, 1/4 l Milch
Meersalz, Pfeffer, 1 Prise Thymian
1 EL kleingehackte Petersilie

Zum Überbacken:
4–5 Tomaten, 4 Scheiben Hartkäse

Aus Mehl, Eiern, Milch, Salz einen Flädlesteig rühren. 20 Minuten beiseite stellen. In heißem Fett 8 sehr dünne Flädle beidseitig zu schöner Farbe backen.

Für die Füllung Spinat nach Vorschrift auftauen, würzig abschmecken. Flädle mit dem Spinat bestreichen, aufrollen und in eine gefettete Auflaufform legen.

Für die Sauce Butter erhitzen, Zwiebelstückchen dazugeben, hell dürsten, Mehl darüber streuen, leicht anbräunen lassen. Unter Rühren Fleischbrühe und Milch dazugeben, 10 Minuten kochen lassen, würzen, Petersilie darunterrühren. Sauce über die Flädle gießen.

Tomaten waschen, abtrocknen, in dickere Scheiben schneiden, auf die Flädle legen. Käsescheiben in Dreiecke schneiden, den Auflauf damit abdecken. Im vorgeheizten Backofen (Elektroherd 175–200° C, Gasherd Stufe 2–3) 30–40 Minuten backen. Dazu einen Blattsalat servieren.

Versuchen Sie doch einmal, die Flädle aus halb Roggen- und halb Weizenmehl herzustellen. Das entspricht der neuen schwäbischen Küche.

Überbackene Spinatflädle mit Tomaten und Käse

lädle sind vielseitig verwendbar, und jeder Gourmet schwärmt davon, wenn sie, wie hier zubereitet, auf den Tisch kommen. Damit sie von ihrer Güte nichts einbüßen und gut gelingen, darf man an Eiern nicht sparen.

Schon in der Urzeit hat das Ei den Menschen zu Gedanken über das Geheimnis des Lebens angeregt. Er erhob es daher auch zum Symbol des Lebens. Das erklärt, warum verschiedene Völker es nicht wagten, Eier zu essen. Es wäre ein Frevel gewesen.

In der Vorstellung, das Ei sei der Keim des Lebens, wurzeln auch die orphischen Mythen vom Weltei. Diesem sollen die Götter und die Welt entsprossen sein. In die Reihe der Legenden gehört auch die Vorstellung der alten Griechen, Dionysos und Aphrodite entstammten einem Ei. Von Leda hieß es, sie habe, nachdem sich ihr Zeus in Gestalt eines Schwans genähert habe, ein Ei geboren, dem die schöne Helena entsprungen sei. Der alte Pythagoras hat die Ansicht vertreten, das Verzehren von Eiern sei ein Verbrechen am

Weltkeim. Inwieweit sich die Griechen im täglichen Leben danach richteten, ist nicht bekannt.

Bei den alten Römern war das Ei Symbol der Fruchtbarkeit, weshalb man bei dem zu Ehren von Ceres, der Göttin der Fruchtbarkeit, veranstalteten Fest stets ein Ei in feierlicher Prozession darbrachte. Auch im Brauchtum des frühen und späten Mittelalters hat das Ei seinen Platz gehabt. In vielen Gegenden legte der Bauer vor der Frühjahrsbestellung ein Ei in die erste Ackerfurche, damit das Gesäte Frucht bringe. Noch bis ins 19. Jahrhundert war es Brauch, beim Bau eines Hauses unter dessen Türschwelle einige Eier einzumauern. Bei Hochzeiten steckte sich eine Braut für den Kindersegen ein Ei ins Mieder.

Heute ist das Ei ein wichtiger Rohstoff in der Küche und beim Backen nicht mehr wegzudenken.

Ulmer Kümmel-krautkuchen mit Räucherlachs

Es gibt einige Städte im Schwabenland, die ihr eigenes Gebäck haben. Dazu gehört auch Ulm. Der aus Schokolade und Marzipan hergestellte Ulmer Spatz zum Beispiel ist vielerorts bekannt.

»D'r Ulmer Spatz, der sich net domm, geht's net de grade Weg, no dreht er's Hädmle rom.«

Nicht weniger bekannt ist das Ulmer Brot, ein süßes Gebäck, das einst den per Schiff – ich erinnere an die Ulmer Schachtel – in den Balkan auswandernden Schwaben als Proviant und Gruß aus der Heimat mitgegeben wurde.

In Ulm und um Ulm herum wird ein Kümmelkuchen gebacken, dessen Grundlage Weißkraut ist. Es ist ein uraltes, wiederentdecktes schwäbisches Gebäck, das mittlerweile viele Freunde gefunden hat. Vereinzelt wird im Ländle auch ein Lauch- oder Rosenkohlkuchen gebacken. Diese Backwaren dienten früher einmal wie der Kartoffelkuchen als Mittagessen. Unkundige schütteln sich möglicherweise schon beim Hören dieser Namen, ohne zu ahnen, wie gut diese Spezialitäten schmecken können. Und wenn – wie in unserem Rezept – das Ganze noch von edlem Räucherlachs begleitet wird, so haben wir in der Tat eine raffinierte, moderne Komposition auf traditioneller Grundlage kreiert. Reichen Sie zu dem Kümmelkrautkuchen eine Buttersauce, dann ist der Genuß vollkommen.

Für den Teig:
250 g Mehl
200 g Butter oder Margarine
Salz
4 EL kaltes Wasser

Für den Belag:
1 kleiner Krautkopf (ca. 1 kg)
1 Zwiebel
150 g Speckwürfel
Kümmel
5 Eier
400 g saure Sahne
Salz
Pfeffer
100 g Räucherlachs

Mehl, Butter oder Margarine, Salz und Wasser zu einem glatten Teig verarbeiten, ausrollen und in eine gefettete Springform legen.

Krautkopf vierteln, äußere Blätter, Strunk und Blattrippen entfernen und Kraut fein schneiden. Zwiebel fein wiegen, mit den Speckwürfeln hell anbraten, Kraut und etwas Kümmel dazugeben und 20 Minuten dämpfen. Abgekühlt auf dem Kuchenboden verteilen.

Eier verquirlen, saure Sahne, etwas Salz und Pfeffer dazugeben und über das Kraut gießen.

Den Kuchen im vorgeheizten Backofen (Elektroherd 200° C, Gasherd Stufe 3) 40–50 Minuten backen. In der Mitte mit Lachs garnieren. Heiß servieren. Schmeckt sehr gut zu einem Glas Wein oder Bier.

Für die Hackfleischpastete:
500–600 g TK-Blätterteig, etwas Fett
1 große Zwiebel, 1 Bund Petersilie
150 g geräucherte Schinkenwurst
500 g gemischtes Hackfleisch
500 g Kalbsbrät, 6 Eier, Salz
weißer Pfeffer, Curry, edelsüßer Paprika
10–12 Scheiben gekochter Schinken
500 g frische Champignons, 1 Ei

Für den Spargelsalat:
75 g Ackersalat, 1 kleines Glas Spargel
2 EL Öl, 2 EL Sherryessig, Salz, Pfeffer
1 EL gehackte Haselnüsse oder Pistazien
Mandarinenspalten (Dose)

Blätterteig auftauen, zwei viereckige Platten ausrollen. Eine Platte auf ein gefettetes viereckiges Blech legen. Zwiebel und Petersilie fein hacken, Schinkenwurst klein-würfeln, zum Hackfleisch geben, zusammen mit dem Kalbsbrät und den Eiern gut vermischen. Würzig abschmecken.
Die Hälfte der Schinkenscheiben auf den Blätterteigboden legen und den Fleischteig darüber verteilen. Mit einem breiten, in kaltes Wasser getauchten Messer glattstreichen. Gewaschene und abgetropfte Champignons blättrig schneiden, darauf verteilen. Restliche Schinkenscheiben darüber legen. Die Ränder mit Eiweiß bestreichen, mit der zweiten Teigplatte abdecken, gut andrücken. Pastete mit Eigelb bestreichen. Im vorgeheizten Backofen (Elektroherd 180° C, Gasherd Stufe 2) 50 Minuten backen.
In kleineren Stücken warm mit Spargelsalat servieren. Dazu Ackersalat waschen, abtropfen lassen. Abgetropfte Spargeln in kleinere Stücke schneiden, mit dem Ackersalat vermengen. Öl und Sherryessig verrühren, mit Salz und Pfeffer würzen, über den Salat geben. Mit Haselnüssen oder Pistazienkernen bestreuen und mit einigen abgetropften Mandarinenspalten garnieren. Eine Cumberlandsauce (Fertigprodukt) gesondert dazu reichen.

Unterländer Hackfleisch-pastete mit Spargelsalat

Hackfleisch vom Rind, vom Schwein oder gemischt ist überall im Ländle beliebt. Es handelt sich hier in der Regel um einwandfreies Fleisch, da die vom Gesetzgeber erlassene Hackfleischverordnung recht streng ist. Hackfleisch ist preiswert, was dem sparsamen Schwaben gerade recht sein kann. Wie sagte doch Mörike zu seiner Tochter Fanny?

»Sparsamkeit ist eine Tugend,
während Geiz ein Laster ist.
Ach, daß unsere heut'ge Jugend
dieses gar zu leicht vergißt!
Liebes Kind, ich bitt dich drum,
Eh du einen Kreuzer ausgibst,
Dreh ihn zweimal – einen Groschen
sechsmal – in der Hand herum!
Solches rät dir dein Berater,
Freund und stets getreuer Vater.«

Ob dies Fanny immer beherzigt hat?
Es gibt Hunderte von Spielarten, nach denen ein Hackfleischteig verändert, gewürzt und serviert werden kann. Wir geben noch Brät und Wurst dazu. Hierzu fallen mir gerade die folgenden Worte des Urschwaben Heinz-Eugen Schramm ein: »Ons Schwobe schmeckt d'Wurscht bloß,

wenn se net schmeckt (riecht); wenn se schmeckt (riecht), schmeckt se ons net.«
Dieser anscheinend widersinnige Satz ruft nur bei Nichtschwaben Verwirrung und Kopfschütteln hervor. Friedrich Theodor Vischer, ebenfalls ein Schwabe, bekennt denn auch:
»Ein Völklein, schwer zu begreifen...«
Nach unserem Rezept läßt sich in kürzester Zeit eine wohlschmeckende Pastete zubereiten, die sich auch für die kleine Gastlichkeit gut eignet, weil wir hier oft nicht wissen, was wir wieder Neues bieten sollen. Der Schwabe ist ein Tüftler, so tüftelt auch die Schwäbin gerne, wenn's ans Kochen und Backen geht. Garnieren Sie deshalb die Pastete vor dem Backen mit aus Blätterteig ausgestochenen Sternchen oder dergleichen. Es sieht hübsch aus und paßt sehr gut zu der ausgezeichnet schmeckenden Pastete.

1 Schweinefilet
1 Knoblauchzehe
Meersalz
Pfeffer
80 g Butter
3/8 l trockener Rotwein
6 Artischockenherzen (Dose)
3 Salbeiblättchen
200 g geriebener Käse
200 g Frischrahmkäse
2 Eigelb
2 EL Sahne
Saft 1/2 Zitrone
frisch geriebene Muskatnuß

Filet, wenn notwendig, häuten, Fett entfernen. Mit angeschnittener Knoblauchzehe einreiben, salzen und pfeffern, mit 3 Eßlöffeln weicher Butter bestreichen. Das Filet in 4 dicke Scheiben schneiden, in der restlichen Butter beidseitig kurz anbraten. Einen Schuß Rotwein darüber gießen. Filetscheiben darin wenden.

Artischockenherzen halbieren. Fleisch aus der Pfanne nehmen, Artischockenherzen einlegen, kurz andünsten, herausnehmen. Restlichen Rotwein und Salbei zufügen. Bei guter Hitze ca. 1/3 der Flüssigkeit einkochen lassen. Schweinefiletscheiben und Artischocken in eine gefettete, feuerfeste Form legen. Rest des eingekochten Rotweins darüber gießen. Geriebenen Käse, Frischrahmkäse, Eigelb, Sahne, Zitronensaft verrühren, mit Salz, Pfeffer und wenig Muskat abschmecken und über die Filetscheiben geben.

Im vorgeheizten Backofen (Elektroherd 220° C, Gasherd Stufe 3–4) 35–40 Minuten überbacken, bis die Oberfläche bräunt. Dazu Kopfsalat und Weißbrot servieren.

Weinsberger Feinschmeckerpfanne

*W*em's net paßt, der soll's sei lasse.« Wer aber den Duft dieses Gerichts in die Nase bekommt, kann's einfach *net lasse*, er wird *glüschtig*. Davon bin ich überzeugt, da schon allein die Artischocke mit ihrem butterweichen Boden und den unteren Teil ihrer Blätter ein Hochgenuß ist. Wenn dann noch Filetfleisch, Rotwein, Käse und die entsprechenden Gewürze mitspielen, gibt es kaum noch eine Steigerung.

Wären im 12.Jahrhundert diese delikaten Nahrungsmittel hier schon bekannt gewesen, hätten die listigen Weiber von Weinsberg vielleicht auch Mittel und Wege gefunden, aus Dankbarkeit die Rettung ihrer Ehemänner mit solch einem Essen zu feiern. Glück hatten sie gehabt, als sie bei der Belagerung der Festung durch den Stauferkönig Konrad III. ihre Männer als Gefangene dort oben wußten und ihnen durch eine großzügige Geste des Kaisers erlaubt wurde, aus der Burg das Liebste, was sie besaßen, mitzunehmen. Sie überlegten nicht lange, verzichteten auf Hab und Gut und alle Kostbarkeiten, nahmen ihre Männer auf den Rücken und trugen die schwere Bürde langsam am Kaiser vorbei hinunter in die Stadt. Das hatte Konrad wohl kaum erwartet. Auf die List der Weiber war er nicht gefaßt gewesen. Er hat aber das einmal gegebene Wort gehalten und die Treue der Weinsberger Weiber belohnt. Seit jenem Tag trägt die Burg den Namen *Weibertreu*.

Reichen Sie zum Trinken denselben Wein, den Sie zum Kochen verwendet haben. Nehmen Sie dazu einen Wein, von dem man sagen kann, daß es kein schlechter ist, einen Württemberger, einen Weinsberger. Zum Wohle!

Wildküchle mit Preiselbeersauce

Für die Wildküchle:
250 g Rehfleisch (Hals, Bug, Brust) ohne Knochen
250 g Hirsch- oder Hasenfleisch ohne Knochen
100 g durchwachsener Speck
1 Brötchen vom Vortag, 1 Zwiebel
2 EL kleingehackte Petersilie
1 Ei, Salz, Cayennepfeffer
frisch geriebene Muskatnuß
Weckmehl, Fett zum Braten

Für die Sauce:
100 g Preiselbeeren
2 EL Zucker

Fleisch trockentupfen, in kleinere Stücke schneiden. Speck kleinwürfeln. Brötchen einweichen, ausdrücken. Zwiebel schälen und vierteln. Alles durch den Fleischwolf drehen. Petersilie, Ei und Gewürze daruntermischen. Fleischteig abschmecken. Mit nassen Händen Küchlein formen und in Weckmehl wenden. Fleischküche in heißem Fett unter Wenden auf beiden Seiten knusprig braten und auf einer vorgewärmten Platte anrichten.
Für die Sauce Preiselbeeren verlesen, gut waschen und abgetropft mit Zucker bei geringer Hitze etwa 5 Minuten dünsten. Die frischen Preiselbeeren können auch durch Preiselbeerkonfitüre, die mit ein wenig Weinbrand aromatisiert wird, ersetzt werden.
Wildküchle mit der Preiselbeersauce servieren. Dazu Kartoffelsalat mit Gurkenscheiben und Tomatenviertel reichen.

Was wären die in der schwäbischen Küche so sehr beliebten Küchle, einerlei, ob es sich um Kartoffelküchle, Fleischküchle, Apfelküchle oder andere handelt, ohne die Würze Salz, die auch bei dieser Wildküchleskreation kaum wegzudenken ist. »Fade schmeckt jedes Gericht, dem es an Salze gebricht.« Salz ist trotz der zahlreichen Würzmöglichkeiten, die es heute gibt, in der Küche unentbehrlich. Es hat nicht nur eine geschmacksverbessernde Wirkung, sondern ist auch eines der ältesten Konservierungsmittel.
Die Geschichte der Salzgewinnung ist uralt. Erbitterte Kriege wurden um die Steinsalzlager und Solequellen geführt. »Salz und Brot schützt vor dem Hungertod«, sagte schon Horaz (65–8 v. Chr.).
Um das Salz rankt sich ziemlich viel Aberglauben. Es kann Glück und Gesundheit bringen, wenn man es hat. Verschüttet man es aber, droht Geldmangel, Unglück in der Liebe oder Kinderlosigkeit.
Ein wesentlicher Aspekt der modernen Kochkunst besteht darin, die Gerichte mit Rücksicht auf die Gesundheit und nach ernährungswissenschaftlichen Grundsätzen zusammenzustellen, sie müssen jedoch auch geschmacklich vollendet sein.
Ohne Salz geht das kaum, wobei allerdings oft schon kleinste Mengen genügen.
Denken wir ferner daran, daß es ohne »eine Prise Salz« manche Delikatessen nicht gegeben hätte, weder bei den alten Ägyptern, Griechen und Römern noch bei den Küchenmeistern der Klöster und der Feudalherren im Mittelalter noch später etwa auf den Schlemmertafeln Ludwigs XIV. in Frankreich. Ja, eine Prise Salz, klein in der Menge, aber groß in der Wirkung.

Läufe, Hals und Kopf eines Feldhasen oder Kaninchens
500 g Wildknochen
Wurzelgemüse
1 Zwiebel
50 g Fett
1 l Wasser
1 Lorbeerblatt
einige Pfefferkörner
2 Nelken
1 Thymianzweig
1/4 l Crème fraîche
1/8 l Sahne
Salz
Pfeffer (Mühle)
75 g Gartenkresse zum Garnieren

Teile des Feldhasen oder Kaninchens sowie die Knochen gut waschen, abtrocknen und mit dem vorbereiteten Wurzelgemüse und der zerkleinerten Zwiebel im heißen Fett anbraten. Mit dem Wasser auffüllen, die Gewürze dazugeben und das Fleisch bei geringer Hitze zugedeckt weich kochen. Die Brühe durchsieben, Fleisch von den Knochen lösen, in kleine Stücke schneiden und wieder in die Brühe geben. Diese mit Crème fraîche und Sahne zum Kochen bringen. Suppe würzig mit Salz und Pfeffer abschmecken.

Gartenkresse auf ein Sieb geben, kalt abbrausen und gut trocknen. Suppe in Tellern anrichten und mit Gartenkresse garnieren.

Wildrahmsuppe mit Gartenkresse

Mein Name ist Hase, und es ist nicht so, daß ich nichts weiß. Da ist doch endlich mal einer, der zu einer Sache steht. Und die Sache? Nun, es trifft sich gut, daß hier ein Jagdtier gleichen Namens, ein Verwandter von *Meister Lampe*, bei dieser prächtigen Suppe die Hauptrolle spielt.

Die Redewendung: »Mein Name ist Hase, ich weiß von nichts«, kam Mitte des letzten Jahrhunderts unter die Leute. Damals waren drei Studenten in ein schwerwiegendes Geschehen verwickelt gewesen. Zwei dieser Studenten hatten sich duelliert, einer wurde dabei erschossen. Der andere erbat sich für seine Flucht nach Frankreich von einem Kommilitonen, der in Heidelberg studierte, dessen Legitimationskarte. Sie lautete auf den Namen Hase. Der Flüchtige ließ die Karte in Frankreich verlorengehen. Sie wurde jedoch gefunden und ging dem Universitätsgericht zu. Als der Student in Heidelberg vor dem Gericht in der mysteriösen Sache befragt wurde, antwortete er: »Mein Name ist Hase, ich verneine die Generalfragen, ich weiß von nichts.« Diese Geschichte, die sich wirklich zugetragen hat, wurde von einem Bruder des Heidelberger Studenten in der Zeitschrift *Unsere Hauschronik* (Leipzig 1898) wiedergegeben.

Der Suppenliebhaber geht davon aus, daß derjenige, der lange Suppe ißt, lange lebt. Man kann diese Devise auch anders auslegen, zum Beispiel so: Wer *viel* Suppe ißt, lebt lange. Wie dem auch sei, im Mittelalter wurde in Klöstern ein solcher Suppenluxus getrieben, daß ein Konzilbeschluß im Jahre 1304 den Mönchen verbat, an Wochentagen mehr als eine Suppe zu essen. Wer weiß, wie üppig diese Suppen beschaffen waren!

Unsere Suppe ist zwar auch sehr gut, aber sie hält Maß. Durch die Sahne ist sie samtig weich, die Gewürze verleihen ihr einen unvergleichlichen Wohlgeschmack. Die Gartenkresse ist das Tüpfelchen auf dem i. Sie können die Gartenkresse aber auch einmal weglassen, dann garnieren Sie die Suppe mit Stückchen von Tomaten und hartgekochtem Ei.

2 Kalbszüngle (je 350 g)
1 1/2 l Salzwasser
1 Zwiebel
1 Bund Suppengrün
1 Lorbeerblatt
einige Pfefferkörner
1/2 Bund Estragon
100 g Austernpilze
40 g Butter
30 g Mehl
1 Eigelb
1/8 l Sahne
Salz
Pfeffer
3 EL Sherry (medium)

Kalbszüngle waschen, in Salzwasser mit halbierter Zwiebel, vorbereitetem Suppengrün, Lorbeerblatt und Pfefferkörnern in 1 1/2–2 Stunden weich kochen. Züngle herausnehmen. Durchgesiebte Zungenbrühe zurückbehalten. Züngle mit kaltem Wasser abschrecken, Haut abziehen, Knorpel entfernen. Züngle in Würfel schneiden. Estragon waschen, Blätter abzupfen. Austernpilze von den harten Stellen befreien, kurz waschen, mit Küchenkrepp trockentupfen und in kleine Stücke schneiden. Butter erhitzen, das Mehl dazugeben, kurz anschwitzen und mit 3/8 l der Zungenbrühe unter Rühren ablöschen. Austernpilze dazugeben und die Sauce 10 Minuten kochen lassen. Zungenwürfel zufügen. Eigelb mit Sahne verrühren. Die Sauce damit legieren. Estragonblättchen unterrühren. Mit Salz, Pfeffer und Sherry abschmecken. Nicht mehr kochen lassen. Butternudeln dazu servieren.

Zungenragout mit Austernpilzen

Newcomer für Feinschmecker sind seit einigen Jahren die Austernpilze, die sich in großen Hallen auf zerkleinertem Stroh bei hoher Luftfeuchtigkeit und ohne jeglichen Dünger züchten lassen. Die Zeiten, als man sie im Wald mühsam auf umgestürzten Bäumen suchen mußte, sind damit vorbei.

Die gezüchteten Austernpilze werden im Alter von sieben Wochen, wenn sie am besten schmecken, geerntet und können einige Tage offen im Gemüsefach des Kühlschranks aufbewahrt werden. Sie haben wie die Zuchtchampignons keine Saison und werden das ganze Jahr über im Gemüseladen angeboten. Die Füßchen dieses Pilzes sind reich an Inhaltsstoffen, weshalb es schade ist, wenn man sie wegwirft, für Suppen und Saucen sind sie allemal noch zu verwenden. Wie alle Pilze, so ist auch der Austernpilz kalorienarm, dafür aber reich an Eiweiß, Aminosäuren und B-Vitaminen. Ein weißer Belag auf den Pilzhüten hat mit Schimmel nichts zu tun, sondern ist ein natürliches Pilzmyzel und leicht abzuwischen. Der Pilz hat einen feinen Kalbfleischgeschmack, daher auch der Name Kalbfleischpilz. Er hat viele Freunde, die ihn als Hochgenuß schätzen. Wie abwegig für Menschen unserer Zeit erscheint da die seltsame Vorstellung des sehr geistvollen und ehrenwerten Paters Honoré Fabry, der im 17. Jahrhundert lebte. Er hielt die Pilze für Giftknochen, die aus der Erde kommen. Ein bedauernswerter Kostverächter.

Mit den Austernpilzen ist das Zungenragout auf jeden Fall ein Leckerbissen, der noch aufgewertet wird, wenn Sie einen guten Württemberger Rotwein auf den Tisch stellen, von dem es im Volksmund heißt, daß er Tanzbeine, Verse und Appetit mache.

Für den Teig:
200 g Mehl
1/8 l lauwarme Milch
10 g Hefe
40 g Butter oder Margarine
1 Prise Salz

Für den Belag:
6–8 große Zwiebeln
3 EL gutes Öl
75 g grobgewürfelter Räucherspeck
2 EL Mehl, 1/4 l saure Sahne
3–4 Eier, Salz, weißer Pfeffer
1 EL Kümmel
Butterflöckchen
Petersilie

Aus Mehl, zerbröckelter, in lauwarmer Milch aufgelöster Hefe, Butterflöckchen und Salz einen Teig so lange kneten, bis er Blasen zeigt und sich von der Schüssel löst. Zugedeckt etwa 45 Minuten warm stellen. Danach den Teig auf einer bemehlten Unterlage ausrollen, auf ein gefettetes Springblech legen und einen Rand hochziehen.

Für den Belag die Zwiebeln in feine Ringe schneiden und im heißen Öl hell anschwitzen. Speckwürfel dazugeben, kurz anrösten. Das Mehl mit der sauren Sahne glattrühren, Eier, Zwiebeln und Speckwürfel daruntermischen, würzig abschmecken und gleichmäßig auf dem Teigboden verteilen. Kümmel darüber streuen, Butterflöckchen aufsetzen, danach den Kuchen im vorgeheizten Backofen bei guter Hitze (Elektroherd 200–220° C, Gasherd Stufe 3–4) etwa 40 Minuten backen. Mit gehackter Petersilie bestreuen und warm servieren.

Zwiebelkuchen nach Altwürttemberger Art

Der echte schwäbische Zwiebelkuchen schmeckt am besten mit frisch geernteten Zwiebeln. Seine große Zeit ist daher der Herbst, wenn auch der Wein gekeltert wird. Man ißt den Zwiebelkuchen warm entweder zu Hause oder in einem Weinwirtschäftle und trinkt dazu *räsen* (angegorenen) oder süßen neuen Wein.

Mancher mag zum Thema Zwiebelkuchen verständnislos den Kopf schütteln, ohne diese Spezialität überhaupt einmal probiert zu haben. Obwohl er bekömmlich ist, hat er gelegentlich eine durchschlagende Wirkung. Hier fängt der Mensch an laut zu denken, was ihn aber keinesfalls davon abhält, in die Weingegenden zu fahren zu Zwiebelkuchen und neuem Wein.

Warum der Zwiebelkuchen gerade hier beheimatet und besonders beliebt ist, ist unschwer zu erraten: Die Zwiebeln gedeihen im milden Klima Südwestdeutschlands gut. Vielleicht geht der Kuchen auch auf die römischen Legionäre zurück, die einst hier stationiert waren und ihre Brotfladen mit Zwiebelscheiben belegten.

Daß der Zwiebelkuchen viel besser ist als sein Ruf, hat Mörike beschrieben. Im Pfarrhaus zu Winsheim mußte er einmal in einer Kammer schlafen, wo viele Zwiebel lagerten. Dabei flogen ihm Gedanken zu, die er in Versform faßte:

»Ganz richtig hört ich sagen,
Daß, wer in Zwiebeln schlief,
Hinunter ward getragen
In Träume schwer und tief;
Den Wachen selbst geblieben
Sei irren Wahnes Spur,
Die Nahen und die Lieben
Hält er für Zwiebeln nur.
Und gegen dieses Übel,
Das sehr unangenehm,
Hilft selber nur die Zwiebel
Nach Hahnemanns System.
Dies laßt uns gleich versuchen,
Gott gebe, daß es glückt,
Und schafft mir Zwiebelkuchen,
Sonst werd ich noch verrückt!«

Wobei noch anzumerken wäre, daß der genannte Herr Hahnemann ein seinerzeit bekannter Homöopath gewesen ist.

194

5–6 Zwiebeln
60 g Butter oder Margarine
3/4 l Brühe
1/4 l Sahne
Salz
schwarzer Pfeffer (Mühle)
frisch geriebene Muskatnuß
4 EL geröstete Brotwürfelchen
4 TL geriebener Parmesankäse
feingehackte Petersilie

Zwiebeln in Scheiben schneiden und im Mixer pürieren. Butter oder Margarine erhitzen, Zwiebelpüree hell dünsten, Brühe und Sahne zugießen und bei geringer Hitze etwa 15 Minuten kochen lassen. Zum Schluß mit Salz, Pfeffer und Muskat würzig abschmecken.

Suppe in Tassen oder auf Tellern anrichten, in die Mitte Brotwürfelchen geben und Käse sowie Petersilie darüber streuen. Die Suppe eignet sich gut zum Einfrieren.

Zwiebel-rahmsuppe

Eine Zwiebelsuppe schmeckt großartig, aber sie hat's in sich. Wir kennen es von der französischen Zwiebelsuppe her zur Genüge. Wir Schwaben haben da eine neue Version, pürieren die Zwiebeln, verfeinern die Suppe mit Rahm und meinen, sie schmeckt auf keinen Fall schlechter, wenngleich es immer einen geben mag, der ein Haar in der Suppe findet.

Dazu fällt mir gerade folgende Anekdote ein: In einem kleinen, recht gemütlichen Lokal hat ein Gast ein schwarzes Haar in der Suppe gefunden und sich beim Wirt erbost darüber beschwert. Dieser maulte und bemerkte: »Ich werd' mir doch wegen Ihnen keine Rothaarige oder Blondine halten!«

Anstatt mit einem Haar würzen wir die Zwiebelsuppe lieber mit geriebenem Käse. Verwenden Sie dazu Parmesan aus der Provinz Parma. Er zählt zu den härtesten und langlebigsten Käsesorten, und die Italiener geben mit ihm vielen Suppen die richtige Würze. In der Schweiz schwört man bei Reibkäse auf den landeseigenen Emmentaler, in Holland auf den Gouda und im Schwabenland im allgemeinen auf den Emmentaler aus dem Allgäu. Wer die Wahl hat, hat die Qual. Anstelle der Brotwürfelchen können auch Backerbsen oder ein paar gegarte grüne Erbsen auf und in der Suppe schwimmen.

Beilagen

Bildnachweis

B. Hausch 7
E. Hehl 10 o.r, 11, 13, 17, 23, 27 o.l.
E. Kuch 21, 30, 32
Landesbildstelle Württemberg 10 o.l.,
  10 u, 14, 27 o.r., 27 u, 29
Ch. Teubner 2, 35-195
E. Van Hoorick 9